高等院校艺术设计专业精品系列教材
“互联网 +”新形态立体化教学资源特色教材

CIS 设计

Corporate Identity System Design

肖轶文 罗 辉 郭豫茜 编著

中国轻工业出版社

图书在版编目（CIP）数据

CIS设计 / 肖铁文，罗辉，郭豫茜编著. —北京：中国轻工业出版社，2021.3
ISBN 978-7-5184-3253-0

Ⅰ. ①C… Ⅱ. ①肖… ②罗… ③郭… Ⅲ. ①企业形象－设计 Ⅳ. ①F272-05

中国版本图书馆CIP数据核字（2020）第214116号

责任编辑：李　红　徐　琪　　责任终审：李建华
整体设计：锋尚设计　　责任校对：方　敏　　责任监印：张　可

出版发行：中国轻工业出版社（北京东长安街6号，邮编：100740）
印　　刷：艺堂印刷（天津）有限公司
经　　销：各地新华书店
版　　次：2021年3月第1版第1次印刷
开　　本：889×1194　1/16　印张：8
字　　数：240千字
书　　号：ISBN 978-7-5184-3253-0　定价：49.80元
邮购电话：010-65241695
发行电话：010-85119835　传真：85113293
网　　址：http：//www.chlip.com.cn
Email：club@chlip.com.cn
如发现图书残缺请与我社邮购联系调换
200492J1X101ZBW

前言
PREFACE

CIS 全称 Corporate Identity System，即企业识别系统。CIS 设计是企业品牌在市场开拓与发展过程中，通过不断梳理业务资源，融合现代创意设计手法，创建企业品牌形象的重要方式，是企业参与商业市场竞争的重要工具。

CIS 设计是现代视觉传达设计专业中的重要组成部分，主要通过利用视觉识别系统来引导企业发展与定位。CIS 设计要打破传统的 VIS（视觉识别系统）课程模式，不能只停留在实践操作层面，将 VIS 设计从传统的手册制作转变到整个企业品牌设计上来，要求现代设计师能独立把握对品牌的认识，能对品牌设计进一步丰富，掌握创新思维来提升企业形象设计的品质。

我国 20 世纪 80 年代就导入了 CIS 设计，目前已成为各艺术设计院校视觉传达设计专业的一门设计课程。我国的艺术设计院校、专业在 CIS 设计上具有很强的理论优势，观点全面、客观，但缺少设计实践。我国传统 CIS 设计与教学经过 30 多年的发展，与我国的企业发展紧密结合，不断壮大。

当然，在发展过程中仍然存在矛盾，主要问题集中在设计者的前卫理念与企业用户的传统思维存在较大分歧。企业用户对时尚的把握比不上设计者，但企业用户比设计者更了解消费群体，CIS 设计的设计作品最终是要满足企业消费群体的审美的。作为 CIS 设计者，应首先将自己定位为企业的客户，以终端消费群体的眼光来审视自己的设计作品。其实这个道理在大多数视觉传达设计作品中都是适用的，但在 CIS 设计中，往往就会让设计者产生错觉，认为自己服务的对象是企业，而不是消费者。

本书从建立形象识别的角度出发，着重解决上述问题，通过 CIS 设计，将设计者的工作重心由办公室转移至市场，通过大量调研考察，不断获得终端消费者的视觉审美需求。本书的编写目的在于结合主要视觉系统概念与实践方法，提出能让市场终端消费者接受的概念，配合案例解析，具体介绍 CIS 创作思路、表现手法，由浅入深、由点及面地全面介绍视觉识别设计方法，并培养设计师的实践操作能力。

在本书的编写过程中，作者对多年教学与设计实践的积累进行了总结，对当前 CIS 设计教学内容进行了细致梳理，对于较难理解和掌握的问题进行了详细分析，以大量设计作品为案例，结合 CIS 理论原理进行分析。本书所搜集的案例新颖，图片资料丰富，追踪当今各行各业的知名企业、品牌、事件等案例进行分析讲解。通过传达先进的时代特征来强化典型案例，使 CIS 设计内容更完整，理论与实践得到同步更新与拓展。

编　者

目录
CONTENTS

第一章

CIS设计概述

学习难度：★☆☆☆☆
核心概念：特征、分类、融合

PPT 课件

若扫码失败请使用浏览器
或其他应用重新扫码！

章节导读

本章主要介绍CIS设计的发展历程，展示历史发展轨迹，让读者了解CIS设计发展的规律模式，加深对CIS设计的认识。CIS设计作为一种系统的视觉经营策略，它是现代大生产、大市场、大强度竞争环境下的产物，一直被欧美、日韩等发达国家的企业运用，并大力推广，也为这些企业创造了良好的经济效益。现代CIS设计在不同文化领域上都有应用（图1-1）。

图1-1　CIS设计作品

第一节　CIS设计的三大概念

一、CIS设计的三大构成

CIS（Corporate identity system的缩写，企业识别系统）设计是一个系统设计项目，由三大部分构成（表1-1），分别是理念识别（MIS），行为识别（BIS）和视觉识别（VIS）。CIS的功能在于建立企业识别系统，融合MIS与BIS，塑造VIS品牌形象。

企业与品牌就如同一个自然人，理念识别相当于人的个性和价值观，行为识别相当于人的言行举止，视觉识别相当于人的穿着打扮。三者结合，表里如一，能给他人鲜明的印象与美好的依赖感，成功的CIS设计也正在朝着这个方向发展。

表1-1 CIS三大构成元素

组成	基本概念	
MIS理念识别	精神标语、经营理念、CIS手册、管理原则、发展策略、企业文化、企业理念	
BIS行为识别	对内	奖惩制度、服务水平、工作精神、员工教育、员工福利、服务态度、工作气氛
	对外	市场调查、活动促销、商品品质、公益活动、金融关系、竞争策略、流通对象
VIS视觉识别	基础系统	企业标志的设计、企业标准字体的设计、企业标准色、辅助性视觉识别
	应用系统	企业环境与指示识别系统、商品包装识别系统、商品展示与陈列系统、广告识别系统

1. MIS理念识别

MIS简称MI，是Mind Identity的缩写，是指企业的理念识别与企业经营观念。在完整的CIS设计中，理念是企业识别的核心所在。企业理念识别虽然是抽象的概念，但要通过具象的物态与文字信息来表现。尤其是亚洲国家的企业理念更注重企业精神与人文思想，富有哲学意味。

MIS理念识别通过文字来表述，在CIS设计过程中，获取相关资料比较容易，但部分企业没有相关资料，就需要设计师与企业领导沟通，组织委托编写，供CIS设计参考。

2. BIS行为识别

BIS简称BI，是Behavior Identity的缩写，是指企业的行为识别。企业行为识别是对企业理念识别的实践，是一种动态且真实的识别方式，相对于理念识别而言，行为识别更具体，实践性也更强。

BIS行为识别中增加企业领导的心理诉求与情感表达，制定的方针策略就更加切实可行。BIS行为识别直接影响CIS设计的工作内容，是VIS视觉识别设计的重点方向。

3. VIS视觉识别

VIS简称VI，是Visual Identity的缩写，是指企业的视觉识别，也是本书的设计重点。VIS视觉识别是对企业理念与行为识别的具体表现，是对理念识别形象化的落实，通过具体视觉符号与图形图像来表达出抽象的设计理念。

视觉识别设计包括基础设计与应用设计两部分，基础设计是为建立企业基础形象设定的标准，应用设计是将企业形象通过不同媒介进行变化后再作推广。欧美企业视觉识别强调形象直观，设计表达简洁、应用务实，注重与受众之间交流。亚洲企业的视觉识别强调形象塑造含蓄，内容丰富，应用表达注重和谐稳定（图1-2～图1-4）。

图1-2 国外视觉网站

图1-3 国内视觉网站

图1-2：国外网站更多注重信息直观传达，将文字放大，占据较大版面，图形图像是辅助，强调在最短时间内将信息表达出来。

图1-3：国内网站更多注重寓意与情感传递，会配置不同幅面大小的图片，将图片文字进行穿插，字体结构与品种更加丰富，传达的不再是图文信息，而是一种情感，需要用户去细品。

图1-4：肯德基的视觉形象一直在变化，主要根据近年的社会流行元素来设计，针对客户群来设计形象，做到真正为终端消费者服务。

图1-4　肯德基视觉形象创意设计

图1-5：从20世纪90年代起，肯德基将LOGO中的“Kentucky Fried Chicken”改为缩写KFC，避免了“Fried（油炸）”使人联想到肥胖、脂肪等不好的感受。新的LOGO由美国旧金山市的Tesser公司设计，充满活力，立体感强烈，却没有使用投影。显示出一个完美的图案外形，可以更直接地传达信息并且比使用投影的标志更显眼。

图1-5　肯德基LOGO发展历程

二、CIS设计的战略

在CIS设计中，主要遵循的是塑造企业（或产品）形象的差异化方针，强调视觉信息传达的高效、标准和统一，通过一体化形象设计，使企业对外输出的信息达到整体效果，以整齐的形象来谋求品牌在大众头脑中的地位，并求得大众对企业品牌的认识和信任（图1-5）。

第二节　CIS设计发展

一、欧洲CIS设计发展

1914年，德国电器巨头AEG电器公司聘请德国著名建筑学家比德贝·汉斯为该公司设计顾问，汉斯为AEG电器公司的商标、包装、便条纸和信封进行了统一设计，引领了形象识别的开端（图1-6）。传统商标的使用范围被无限扩大，使企业形象不仅与产品关联，还通过包装、广告及其视觉媒介持续展现。虽然当时这种设计还不被称为CIS设计，但视觉形象设计开始快速进入发展轨道。

20世纪30年代，英国伦敦开始修建地铁，为了让市民熟悉这种新的城市交通工具，伦敦政府邀请了艾德瓦·琼斯顿等著名设计师，为地铁车站的站牌、车票、宣传海报等进行了深入且全面的设计，统一了视觉形象，并在不同媒体上重复亮相，强化了市民对新地铁的认识与好感。

今天的伦敦街头，圆形红、蓝标志能清晰准确地指引行人的行走方向。伦敦地铁形象设计带动了其他国家和地区的公共交通形象设计推广，成为全世界早期公共交通设施形象设计的典范，为统一企业视觉效果起到了积极作用，成为地铁CIS视觉识别的鼻祖（图1-7）。

图1-6　AEG演变过程

图1-6：作为高端家电的代表，AEG的LOGO在形象上需要将它过硬的品质与永远走在现代高科技的前端这一信息传达出来。黑色虽然能表现出其稳定过硬的品质，但却显得单调、生硬，而从黑色转变为红色，热烈的高纯度的红色，代表着现代人对高品质生活的热烈追求。

- 补充要点 -

LOGO

LOGO是LOGOtype的缩写，意思就是徽标、商标。现代企业都有属于自己的LOGO，通过LOGO就能为企业进行推广，能给消费者留下深刻印象。LOGO属于一种现代经济产物，包含多种性质，并不局限于设计方面。

LOGO具有简洁、明确、一目了然的视觉效果，通过简单的图形、色彩、字符等元素组合在一起后给消费者留下印象，传递造型美的特点。LOGO具有多种性质，如识别性、内涵性、色彩性等，因此，LOGO的设计不仅仅局限于设计，还包括心理学、色彩学、法律学等要素，是CIS设计核心的组成部分。

（a）LOGO

（b）地铁入口

（c）候车月台

（d）地铁车厢

图1-7　英国伦敦地铁站

图1-7：英国伦敦地铁红色和黑色的经典搭配，使列车变得更加稳重，为用户增加了安全感。时尚大气的造型设计为伦敦的地铁赋予了英国的文化和特色，成了英国运输的一个标志性工具。完全革新的地铁站室内设计，搭配实时更新的社会信息，使乘客体验上升到一个新的层次，地铁不再是一个简单的代步工具，而是一段旅途的享受。

图1-8：美国企业注重信息的直观传达，在企业宣传册封面上设计较大文字来告知传播细节。

图1-9：图形传达力度会更大，但图形设计与定位要精准，与传达的信息、主题相匹配，否则会有“跑题”的弊病。

图1-8　美国企业宣传册设计

图1-9　图形在视觉创意设计中运用

二、美国CIS设计发展

20世纪50年代初，第二次世界大战后的美国经济快速增长，新兴企业数量大幅增加，传统企业继续扩张，从而使美国经济进入了发展高潮。

美国的CIS设计目的性很强，着重强调商业价值，通过企业形象塑造来推销商品与服务，以此来提高企业利润。美国企业注重统一的形象，标准化LOGO、标准色、标准字体与书写规范等都为企业创造了良好的视觉识别效果。同时，美国企业强调设计审美的表达，反映出商品的品质感与时尚感。将美的视觉体验呈现在消费者面前，带来强烈的感染力与冲击力（图1-8、图1-9）。

- 补充要点 -

CIS设计的发展

美国CIS设计以VI为核心，强调视觉识别功能。日本CIS以MIS为核心，深入到企业价值观，并以此来影响BIS和VIS，具有文化内涵。在全球经济一体化时代中，商品竞争逐渐演变为品牌竞争，CIS设计从初始的企业识别变为品牌识别，让品牌参与市场竞争。所有企业都必须经过CIS设计后才有能力进入市场，缺乏品牌包装的企业会因为缺乏竞争力而被淘汰。

目前，市场的消费特点由大众消费向个性消费过渡，市场对CIS提出了新的要求，视觉上追求个性，功能上注重实效，不再求大求全，而是围绕品牌自身需要来设计。很多设计企业会根据客户企业特征来定制设计套餐，如新创立的企业以基本形象与标准色设计为主，对处于上升期发展的企业客户会增加应用系统设计。现代CIS设计在规范框架引导下不断创造发挥，树立自己的品牌与性格。

三、中国CIS设计发展

中国的CIS设计主要从日本、韩国传播而来，在中国台湾、香港地区巩固后进入内地，进来后已经比较成熟，因此发展速度很快。进入21世纪后，CIS理论与设计实践全面发展，真正让中国全面进入了CIS设计时代。

由于历史因素影响，中国台湾地区的CIS设计风格与日本较为相似，都以注重企业内在文化为首要原则，从企业的基本理念入手，关注服务、关怀人性。在日本设计理念的影响下，结合中国传统的汉儒文化，逐渐形成了自己的CIS设计风格，并引领企业进入CIS设计高潮（图1-10、图1-11）。

中国香港的设计行业初期以普通视觉传达设计为主，主要进行品牌形象塑造。西方的美学标准和中国传统元素在中国香港进行激烈碰撞，使设计结果带有中西合璧、雅俗共赏的视觉效果和全新的文化内涵。以靳埭强、陈幼坚为代表的香港本土设计师，将中国传统元素与西方设计理念巧妙结合，创造出鲜活的品牌形象（图1-12、图1-13）。

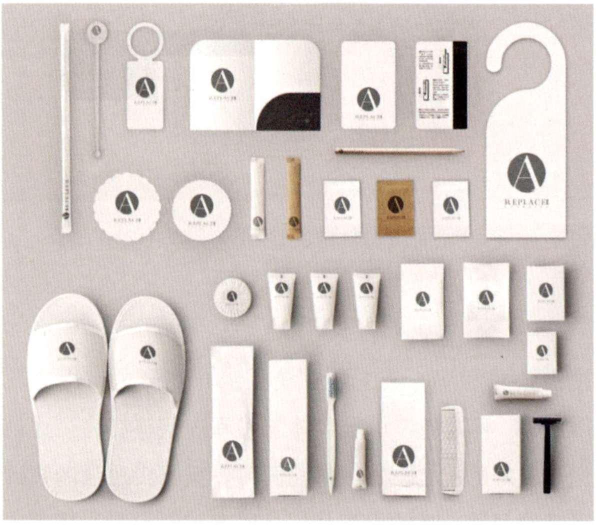

图1-10　中国台湾CIS设计

图1-11　挂牌钥匙扣设计

图1-10：以白色基调为主，强化表现出儒家哲学思想，灰色文字图形具有很雅致的视觉效果。

图1-11：黑色挂牌具有高贵感，拉丝金属质地的文字具有独特的现代感受。

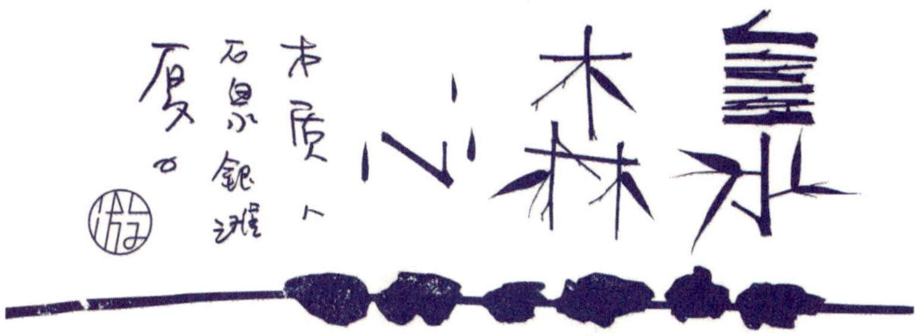

图1-12　靳埭强设计作品

图1-13　陈幼坚设计作品

图1-12：蓝色源于青花瓷，将竹子的设计元素注入文字中，饱含了中国岭南文化，是香港艺术设计常用的视觉元素。
图1-13：对文字进行笔画变形，将汉语拼音字距拉开，形成较强烈的欧美风格。

中国内地的设计文化更多来自于香港，通过深圳、广州覆盖到内地。香港的CIS设计又受到欧洲和英国的影响较为明显，具有国际化视野。这样一来，中国的CIS设计主要源于东方的日本与西方的英国，两种设计派别融为一体，在国内CIS设计行业中不断融会贯通，形成了自己独特的风格。西方的外在形式与文明，东方的内在文化与精神，使中国的CIS设计表达形式更具融合性、交汇性和包容性。

进入21世纪以来，中国各级政府和民间协会组织充分合作，推动了CIS本土化发展。更多地注入儒家、汉学文化，虽然不少设计作品还保留了部分日韩风，但中国自身的强大文化背景形成了独树一帜的设计风格，更加彰显东方文化底蕴和中国地域特色。

第三节　CIS设计特征和形象

一、CIS设计的特征

1. 系统与秩序

CIS在设计过程中，将企业设计理念、发展规划、产品规划、行为规范、形象塑造等方面紧密结合起来，作为一个相互联系的有机整体来策划。系统性能体现CIS设计的领域，主要包括传播学、市场营销学、广告学、艺术设计学等，它们之间相互渗透、相互影响。单纯强调某一方面的设计，只能使企业的形象不完整，造成缺失感和危机感。因此，系统而整体的CIS设计是企业宣传的有效手段（图1-14、图1-15）。

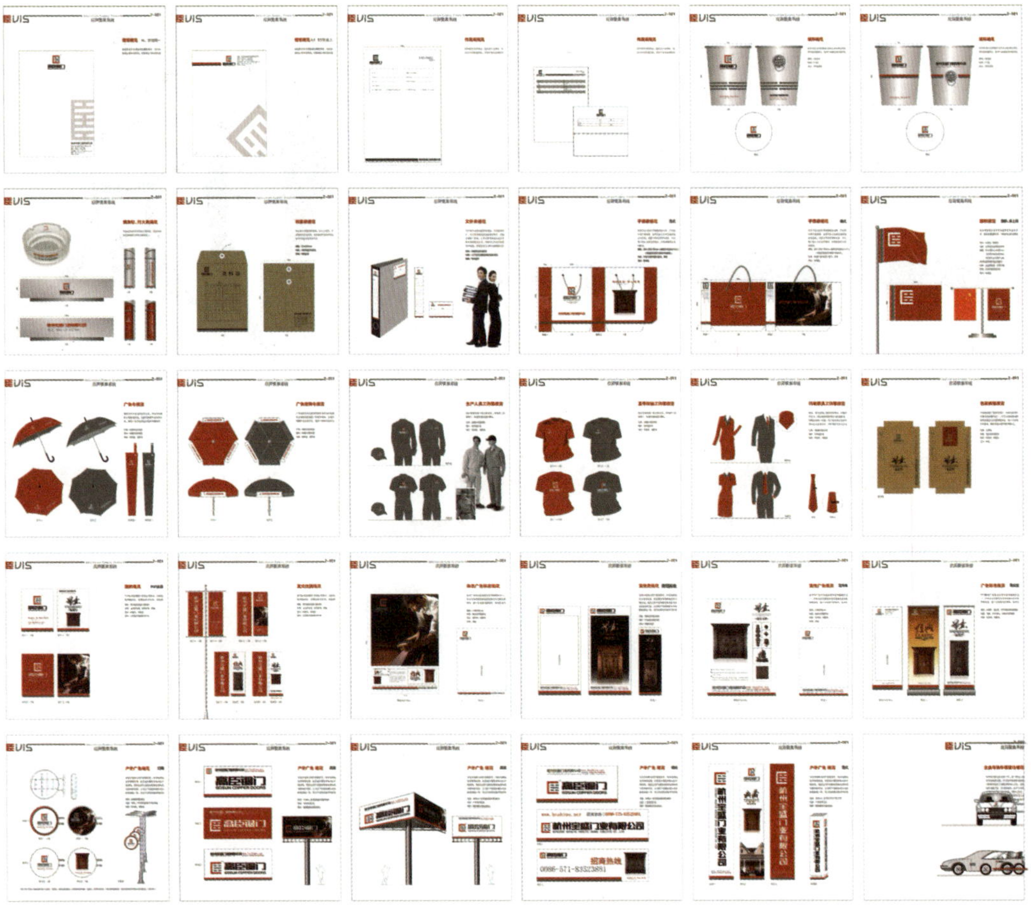

图1-14　制造业企业CIS设计案例

（a）撞色图形设计

（b）简约图形设计

图1-15　CIS图形设计

图1-14：中国的CIS设计体系已经完善了门类，门类齐全，任何行业的企业都能找到适合自己的CIS设计风格。以红、白、黑（深灰）为主的配色体系能表现出我国传统的哲学思想与现代文化。

图1-15（a）：在CIS设计中会用到撞色设计，撞色是指对比色搭配，包括强烈色配合或补色配合。强烈色配合指两个相隔较远的颜色相配，如黄色与紫色、红色与青绿色，这种配色比较强烈；补色配合指两个相对的颜色的配合，如红与绿、青与橙、黑与白等。撞色成了CIS设计师表达自信与活力，张扬个性的不二选择，能表达出CIS设计的特异性。

图1-15（b）：简约图形是CIS设计中的基础内容，对一个图形进行专项设计后，对其进行变化，在适合的区域范围内发挥创造性，让区域内容在有限范围内不断扩张，形成烦琐、复杂的视觉效果，为后续CIS设计奠定了基础。

2. 一贯与拓展

在长期的设计实践过程中，严格遵照CIS设计原则与要求是很困难的，坚持严谨、一丝不苟的设计作风，以设计的基本色、主体LOGO为核心，将设计思维贯穿各个设计细节，直到丰富并完善整体CIS设计作品。

CIS设计的一贯性主要体现在基础图形设计中，将任何LOGO或图形设计都延续到CIS设计层面上，以此来丰富CIS设计（图1-16）。

3. 标准与变化

CIS设计是将企业形象进行标准化设计后，再进行规范运用。CIS设计中的标志、标准色、标准字、组合规范等统一为基础标准，以此来表现企业形象，在后期实施过程中进行运用。制定了CIS设计标准后，随着时间推移与企业变化调整，CIS设计也应当进行相应调整，不断修正并完善。

CIS设计是一个长期且系统的工程，应根据企业需要，在企业不同发展阶段对主体标准形象进行调整，如更换标志、广告语等，从而提升企业活力（图1-17）。

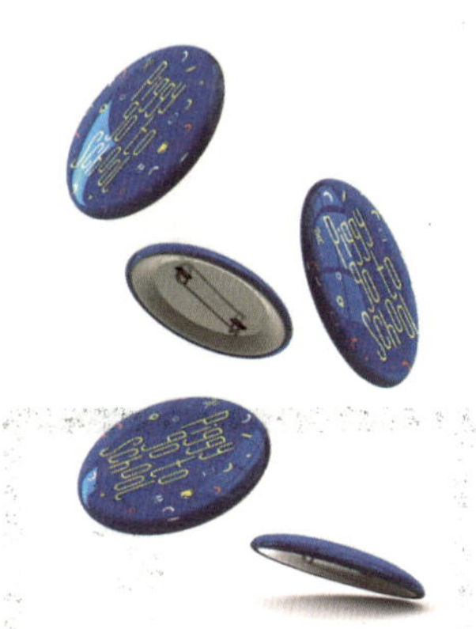

（a）徽章挂牌

（b）图形设计

图1-16 生活创意设计

（a）

（b）

图1-17 标准字体创意设计

图1-16：回形针作为一种极为普通的文具，将其形体特征运用到文字创意中，对标准文字进行设计，形成一贯性设计思维。

图1-17：标准字体是指经过设计的企业名称或品牌的字体，是企业形象识别系统中的基本要素之一，应用广泛，常与标志联系在一起，具有明确的说明性，可直接将企业或品牌传达给观众，与视觉、听觉同步传递信息，强化企业形象与品牌的诉求力，其设计与标志具有同等重要性。在进行企业CIS设计过程中，标准字体设计既可以调用艺术字库精修，也可以从白纸开始创意。

4. 传播与宣传

传播的范畴包括宣传、广告、公关等。传播与宣传很相近，宣传是为了要达到某个目的，而进行的某种主张、观点、思想的推广，从而争取特定的消费对象。宣传在表达主观意愿的传播，以达到推广目的。而传播是客观信息地表述，受大众判断与决策影响。

CIS设计是通过传播信息，让消费者对产品或服务产生客观认识，通过品牌理念、形象、活动、服务对消费者进行定位宣传，从而扩大企业的知名度，让消费者对企业产生好感（图1-18、图1-19）。

5. 战略与成长

战略是有谋略的全局规划，也被用来表达对经济全局发展的谋划。企业不断发展，就会对自身的形象设计有需求。CIS设计是一项耗时较长的战略性工程。企业从建立到成熟需要一个长期过程，CIS设计会一直伴随企业成长（图1-20、图1-21）。

图1-18　汽车宣传图

图1-19　永和豆浆宣传图

图1-20　公司文化墙招贴

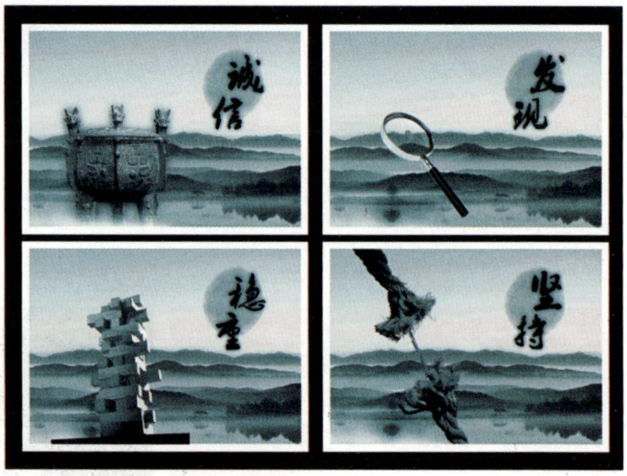

图1-21　企业文化视觉形象

图1-18：甲壳虫汽车的主要消费对象是女性，通过女性形象搭配汽车产品来丰富画面，显得更生动、真实。

图1-19：永和豆浆注重传统加工工艺，将进化过程展现出来，提升了消费者对品牌文化内涵的认知。

图1-20：企业文化墙招贴是企业发展战略的重要体现，除了传统的海报设计外，还要注入企业精神与信仰，将企业发展目标明确表现出来。

图1-21：组合型企业文化视觉形象是将多个重心分解，在应用中能做到自如，无论是上墙挂置，还是橱窗展示都能整齐排版。

二、CIS设计的功能

CIS设计功能分为内部功能和外部功能。

1. 内部功能

（1）凝聚功能。通过CIS设计，能树立起企业品牌形象，使企业内部形成凝聚力，协助提升企业管理效率，从而获取更大利润。通过产品的形象设计，将独立、复杂、松散的产品团结紧密、有序地联系起来，有效增强产品的竞争力。

（2）整合功能。CIS设计能建立客观的约束机制，将原本分散的个体整合到一起，使每个子公司、子产品融为一体，彼此间能相互协作，成为一个有序的整体。

（3）规范功能。CIS设计构建的统一化形象，能有效提升企业、品牌的管理效率，规避不良操作。

（4）增值功能。CIS设计打造的品牌是一种无形资产，品牌本身随着成长、知名度与美誉度提升，会培养消费者的忠诚度，品牌价值就会增长（图1-22）。

2. 外部功能

（1）识别功能。识别功能是CIS设计最基本、最原始的功能。CIS设计的目的是要使企业、产品与其他竞品区分开，让消费者在选购商品时降低选购成本，节省时间和精力。

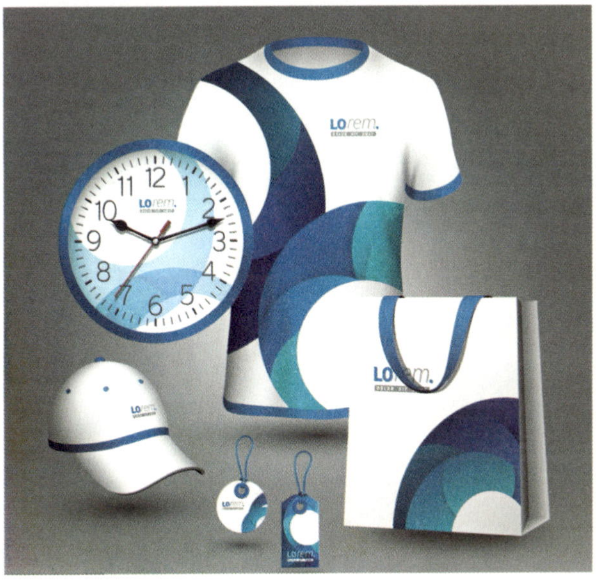

（a）

（b）

图1-22　产品与CIS设计

图1-22（a）：设计新颖的图形与配色，对多个产品融入CIS设计形象，灌输企业主体文化特征。

图1-22（b）：当企业的产品较大或以服务为主时，可以选取一些常用的办公用品，作为企业文化的延伸，对这些办公用品进行CIS设计，能让客户与企业之间形成良好的视觉沟通效应。

（2）传播功能。企业、产品通过CIS设计构建起来的视觉形象，向社会传播，希望能捕获潜在消费者的关注，从而扩大品牌的认知度，并最终提升产品的市场份额。

（3）促销功能。消费者在购买产品时会对产品进行比较，区分品牌，对于新鲜良好、符合消费群体定位、视觉形象明确的产品，将最终影响购买行为（图1-23、图1-24）。

（4）保护功能。CIS设计成果经过注册后，会受到法律保护，企业可以规避商标侵权带来的风险，消费者遇到质量问题能找到源头，维护自己的权益。

三、CIS设计的原则

塑造个性是CIS设计的基本原则。个性化设计能让企业形象得到强化，增加消费者的注意力，确立企业所处的市场地位。

在选择CIS设计元素时，应将企业服务的消费群体所具有的精神、信仰、审美情趣表现出来。通过表现消费群体的诉求来进行设计标志、标准色、标准字体，才能为产品与服务精准定位，打开市场。例如，中国的龙、凤、鱼、云等图案，红色、白色、黑色（深灰）等色调都是现代中国企业形象设计的首选

图1-23　可口可乐车身广告

图1-24　京东车身广告

图1-23：图稿上的车身形象设计要预先根据车型来定制，车门、车窗、车轮位置都需要考虑进来。

图1-24：用于实际安装后的车身图形还会遇到更复杂的问题，如车身周边的凸凹造型，这些都会影响车身广告的视觉效果。

- 补充要点 -

CIS设计的个性化原则

CIS设计从本质上看就是塑造企业个性，造成企业之间的差异化。经过个性化设计的企业形象有助于吸引消费者的注意力，有利于确立企业在市场上的战略地位。由于各个行业差别明显，行业自身的特点和市场环境是不同的，呈现出各自的行业特色。因此，不同行业之间的企业形象就会造成很明显的差距，个性就必然鲜明。

（图1-25、图1-26）。

日本的企业形象常常带有浓郁的民族气质，彰显了日本的文化精髓，图形结构设计饱满，标准色多选择稳重、理性的颜色，少用高纯度色彩，多以粗体字为设计核心，尽量避免尖锐的造型，打造出日本企业平和稳定的视觉形象（图1-27）。

四、CIS设计的企业形象

企业形象是对企业的内涵、精神所进行的外在表现，企业形象主要包括名称、标准字、标准色、标准图形、办公用品、服装、车辆、建筑装饰、旗帜、陈列展示、公益事业、推广活动、公共关系等内容。

CIS设计是将各种设计方式用统一且独特的方法进行传播，从而引起消费者的注意，并使消费者能接受企业。对于酒店、商场等大众广谱类服务企业而言，企业形象会直接影响经营业绩。对于房地产等生产型企业而言，当品牌被市场认可后，能起到良好的销售作用（图1-28）。

图1-25　中国传统福字设计

图1-26　中国七夕字体设计

图1-27　日本招贴设计

图1-28　房地产企业CIS设计

图1-25：传统的福字设计元素很多，如牡丹、鱼、桃、祥云等形象，其实运用最多的是牡丹，代表中国中原地区的民俗生活习惯。

图1-26：将具有飘逸、虚幻感受的图形设计成七夕节日招贴，具有很强烈的意境。

图1-27：在日本视觉设计中，多用白底和粗黑文字搭配，形成强烈的视觉效应，引起观众强烈关注，提升了作品的表意效果。

图1-28：地产企业的CIS设计更注重官方化形象，所有细节都以中规中矩的形象出现在消费者面前，给人踏实可靠的感受。

消费者直接接触到的产品也是受众面最广的产品、竞争最激烈的产品，竞争表面是产品，其实是背后的企业。CIS设计已演变成形象塑造工程。品牌既包含企业品牌，又包含产品品牌。因此，品牌识别范围更完整（图1-29、图1-30）。

图1-29：巧克力的视觉元素是外观包装设计中最难把控的，这里采用几何图形为设计元素，运用巧克力的固有色进行变化，与白色文字形成对比，很有现代感。

图1-30：传统的牛奶盒大多会设计奶牛、草原、奶滴等形象，但在行业竞争中并没突出优势，因此，这种几何图形搭配的奶牛形象会让消费者眼前一亮，有促进消费的功能。

图1-29 巧克力包装设计

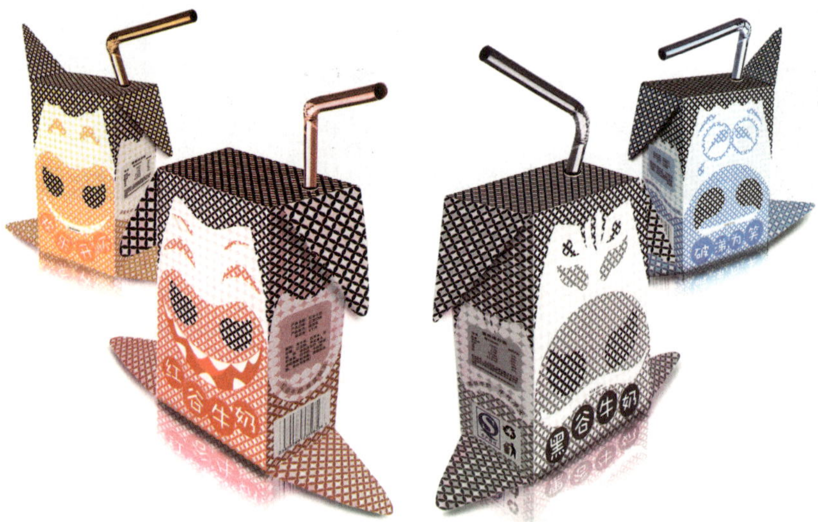

图1-30 牛奶盒包装设计

图1-31　万达广场室内标识向导

图1-32　地产物业道路标牌

图1-31：企业品牌形象在室内标识向导牌设计中体现出强烈的现代感，同时加入少许中国传统纹理，满足了地域化设计要求。

图1-32：引入欧洲田园道路标牌设计风格，表现出欧式风格地产物业，提升了物业公司在业主心中的地位。

现代CIS设计正开始将焦点集中到消费者的品牌定位上，主要优势表现在以下几个方面：

（1）品牌CIS设计适应各类企业，包括中小型企业、新兴企业等。

（2）以产品销售、市场受众为主导，个性化设计更能贴近消费者。

（3）品牌CIS设计开发周期灵活，定位准确，完全根据市场变化调整。

企业品牌的特性与特质会透过周围环境来表现，环境品牌中的CIS设计主要集中在购物场所、展览会、博物馆、机场、火车站等大型公共空间，主题环境中包含指示导向系统、色彩规划、公共设施、交通工具等（图1-31、图1-32）。

本章小结

本章系统介绍了CIS设计的基本概念与基础知识，让读者初步了解CIS基础知识与概念，列出大量优秀案例来讲述这个门类的理论知识。在设计中要提升CIS设计作品的品质，需要在生活中不断观察，将优秀的设计作品与案例集中后，自己对其分析总结，获得独特见解，独立塑造出富有价值的设计观念。

课后练习

1. CIS设计内容包括哪些方面？
2. 简述CIS设计的概念。
3. CIS设计的特征有哪些？
4. 传播与宣传有什么相同点与不同点？
5. 企业形象包括哪些方面？
6. 什么是CIS设计系统？
7. 观察生活中的各种事物，发现CIS设计的存在。
8. 课后查阅相关CIS设计案例，从中找出中国传统元素。

第二章

CIS创意设计发展

PPT 课件

学习难度：★★★☆☆

核心概念：趋势、设计构思、思维模式、设计理念

章节导读

现代品牌如果没有营销推广、宣传，很多企业将无法生存。过去“酒香不怕巷子深”的信念已被时代淘汰。在激烈的商业竞争中，企业和产品想要脱颖而出，必须经过宣传和推广（图2-1）。在CIS设计教学中需要有营销和实践验证，CIS设计由理论教学逐渐走到设计实践前台。

图2-1　CIS设计创意图标

图2-1：创意图标是CIS设计的核心，由图标转变为LOGO，再到后期各种应用环节，创意图标的设计要融合企业发展核心思想来综合考虑，将企业理念转换成可视形象后再进行修饰，最终会固定下来形成LOGO。

第一节　国内外CIS发展趋势

一、中国CIS设计的兴起

随着市场经济发展，同类产品的竞争越来越大，除了不断提升产品质量，更需要去建立企业形象，提高市场识别度，有了良好的品牌形象定位，能满足消费者追求品牌的心理需求（图2-2、图2-3）。

CIS设计进入中国后存在一些问题，影响着CIS设计的发展。

1. 地区分布不平衡

我国南方与东部沿海地区市场意识较强，拥有CIS设计的企业数量也比较多，而在北方及内陆地区相对少一些。中小企业在市场竞争中大多处于维持生存、寻求发展机会的阶段，这些企业没有太多资金用于CIS开发。大型国有企业、股份制合资企业则导入较多（图2-4、图2-5）。

2. 资源投入差别大

大型名牌企业对CIS重视程度高，因此投入也比较多，CIS资金投入一般在100万元以上，有的甚至超过500万元，设计周期大多在一年左右。大多数中小型企业对CIS投入仅几十万甚至几万元，有的企业只用了差不多10天时间就完成了从设计到应用的全部流程。

很多知名品牌在CIS设计中投入很大，后续对基础图形进行多次修改，尤其是反复针对局部细节造型、色彩搭配进行调整，对于这些细节，消费者与观众的感知是很弱的，最终造成资源投入过大（图2-6、图2-7）。

3. 内容结构不合理

企业重视VIS视觉形象，主要集中在企业象征、标志的设计与传播上，而很忽视企业理念MIS与行为识别BIS（图2-8、图2-9）。

4. 推动方式单一

目前，国内企业在CIS设计时，会采用的方式主要有如下几种：

（1）全权委托专业的CIS设计公司进行CIS策划。这种方式的有效性仅限于VIS的设计与导入，无MIS、BIS。

（2）以专业的CIS设计公司为主，企业同时进行大力配合，全体员工参与MIS、BIS建设。

图2-2　李宁鞋子的设计

图2-3　零食米老头的图标设计

图2-4　美的公司图标

图2-5　大众汽车图标

图2-6　李宁图标的发展

图2-7　香港TVB的应用设计

图2-2：运动鞋的造型设计原本属于工业设计领域，但随着市场竞争，也要融入CIS审美，这款运动鞋注入了乐高玩具的设计元素，具有很强的时尚感，对消费群体进行了精准定位，也是企业对产品转型的一种发展方式。

图2-3：图标设计是CIS的灵魂，卡通形象设计与色彩搭配主要针对青少年消费人群，形象可爱富有幽默感，色彩搭配以日系米色格调为主，将老年人的形象设计出很强的青春气息。

图2-4：美的公司图标设计在文字造型的基础上进行了修饰美化，这是我国大型企业早期引入CIS的惯用手法，形象简单明了，但设计手法比较单一，造成很多设计师纷纷效仿这种设计模式，欠缺创意。

图2-5：作为外资引入的企业图标设计，更加注重文字本身的组合与搭配，一般不对文字进行具象化变形设计，以免引起歧义。大众汽车的图标历史悠久，随着CIS企业文化一同发展进步。

图2-6：李宁图标的变形发展比较缓和，是国际上很多大型企业的常用手法，对图标进行细微调整，在视觉上并没有引起太大变化，但增加了文字识别，强化了图标的表意性。最重要的是，企业通过发布新图标所进行的一系列活动是CIS的战略核心。

图2-7：将图标印制在日用品上，将日用品升级为纪念品，是CIS战略发展的重要方式，色彩调配与选用的差异并不大，让消费者能时刻体验到企业的存在感。

（a） （b）

图2-8 诺基亚的图标和海报

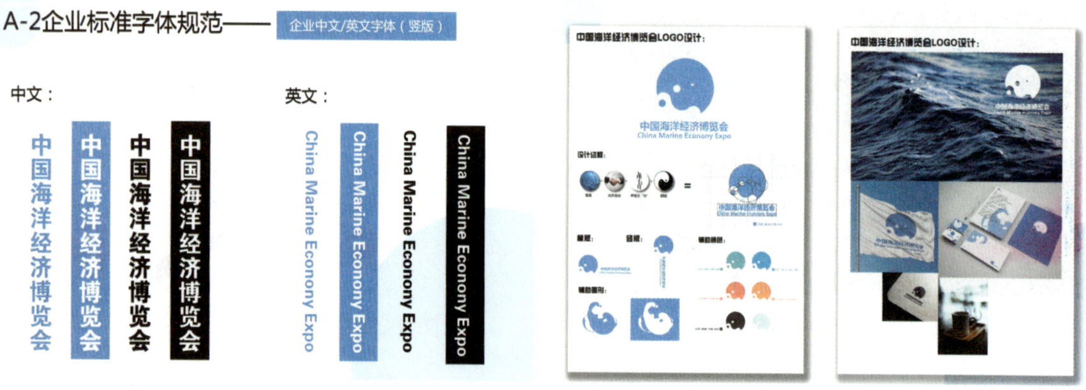

（a） （b）

图2-9 字体和图标VIS的一套设计

图2-8：主要强化图标设计，容易造成品牌识别度过高，导致消费者对产品寄予过高期望，但产品更新速度慢，没有竞争优势，同样也会导致销量下滑，这是VIS要与企业理念MIS与行为识别BIS相符的基本要求。

图2-9：对标准文字的设计应当具有一定的变形效果，不宜直接采用某些固定的商业成品字体，否则会丧失企业的个性理念，再次印证了VIS要与企业理念MIS相匹配。

图2-10：强调多元化思维融入，对思维方式进行融合后得出战略、运营、报告、规则四个方面的目标。

（3）企业CIS由行政部门整体策划、设计、组织推动以及监控，VIS设计由广告设计部门制作。

（4）以企业为主、以CIS设计公司为辅来要求企业导入人员能够在企业理念与行为体系设计方面具有较高的能力。

目前，我国企业设计CIS采用最多的是前两种方式（图2-10、图2-11）。

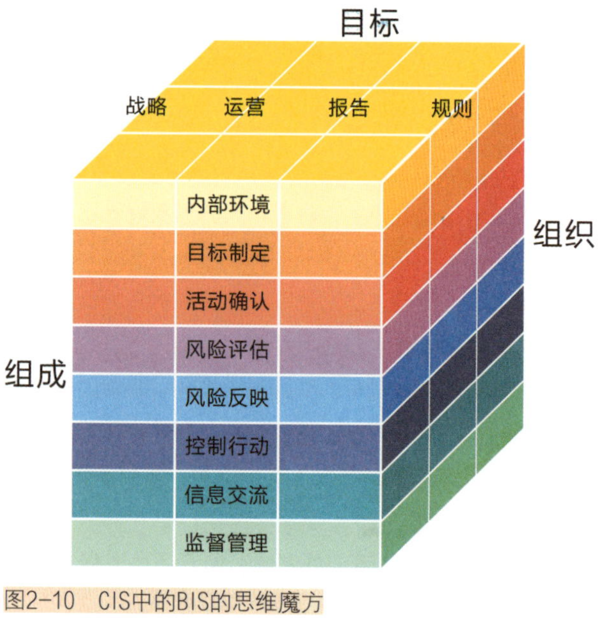

图2-10 CIS中的BIS的思维魔方

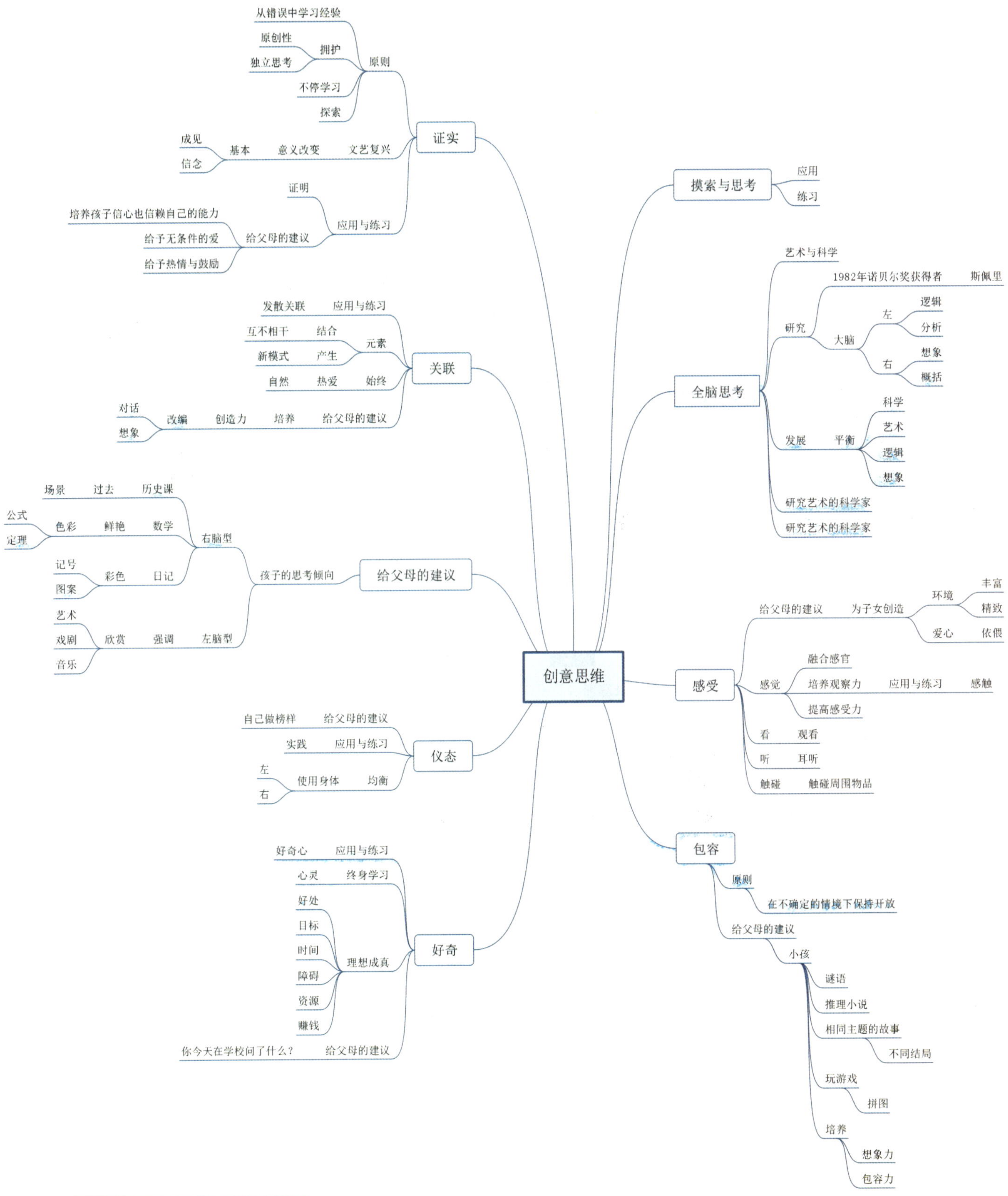

图2-11　CIS中的MIS的思维导图

图2-11：理念识别系统是核心、灵魂，处于主导地位，行为识别则是理念识别的一种动态，一提到CIS，首先想到的就是视觉形象，有的设计师甚至把理念识别系统的策划设计当成口号来完成，使企业理念、企业精神与视觉形象之间缺乏联系，应当在CIS中注入完整的MIS思维。

二、外国CIS设计发展特色

随着我国经济的快速发展，很多跨国公司已经迅速进入中国市场（图2-12）。在这些外来的知名品牌、名牌企业的刺激下，本土企业采取变革来参与市场竞争（图2-13）。

1. 欧美CIS设计

当IBM作为世界上第一个运用CIS设计并取得成功之后，CIS很快在欧美企业中快速发展起来。欧美国家的CIS是以标准字和商标作为沟通企业理念与企业文化的工具，注重的是公司和产品的视觉形象部分，突出视觉美感和冲击力（图2-14、图2-15）。

图2-12　NIKE店面设计

图2-13　OPPO手机海报设计

图2-14　美国斯凯奇品牌的官网

图2-15　耐克AJ的视觉创意海报

图2-12：NIKE品牌进入中国市场比较早，在店面设计上融入了更多CIS理念，简洁的外墙造型与硕大的LOGO组合，与当时我国的设计体系完全不同，这种高度注重品牌识别度的设计给我国CIS设计带来革新变化。

图2-13：OPPO作为本土品牌，在品牌识别度上较高，但在CIS应用设计上并没有更多注重整体效果，仍然按我国原有的设计模式来套用，造成品牌识别度不高。

图2-14：美国斯凯奇品牌网站界面设计简洁，注重产品，弱化模特，将时尚色彩进行变化，大胆运用倾斜构图来表现CIS设计主题。

图2-15：具有强大的视觉冲击力是商业品牌高度发展的产物，要在最短时间内吸引消费者的目光，主动参与高竞争的商品推广是欧美CIS设计的主流。

图2-16 日本的无印良品

图2-16：日本CIS特别注重精神层面，在设计中注入更多的地域文化，在色彩搭配上主导清新风格。无印良品的视觉冲击力很弱，但通过企业文化与简洁的产品特色来打动消费者。

2. 日本CIS设计

日本企业将欧美企业的CIS设计与日本的企业文化相融合，对CIS概念注入新的理念精神内涵，CIS设计成为一种明确认知企业理念与企业文化的活动（图2-16）。日本CIS设计理念在精神层面上多为推崇，主要缺乏MIS设计内容，注重VIS设计。

三、CIS设计发展方向

企业决策者应对CIS有足够认识，CIS关乎企业未来的发展，需要由全体员工配合。CIS不等于VIS，要加入真正意义的MIS、BIS，才能使CIS设计有意义。

以往，中国企业只认为CIS设计就是标志设计，或标准字体设计，或广告、包装设计中的一种形式等，认为CIS设计是给产品或企业披上的一件华丽“外衣”。随着时代的发展，中国企业的CIS设计观念正在发生着深刻的变化（图2-18、图2-19）。

- 补充要点 -

太阳神CIS设计的企业文化

太阳神的CIS设计是我国成功的形象策划之一，20世纪80年代末90年代初，CIS设计在我国还是一个新鲜产物，太阳神成为“第一个吃螃蟹的人”，并取得了成功。

太阳神CIS设计中主要图形形象是太阳与人，强调APOLLO“阿波罗”文字识别，配合经过修饰变形设计的“太阳神”文字，强化这个品牌的商业推广效应（图2-17）。

图2-17　太阳神CIS设计中的LOGO

图2-18　三福的CIS手册

图2-19　中国银行的CIS手册

图2-18：三福是我国比较成熟的小商品零售品牌，进行CIS设计比较早，注入了更多的闽南文化，地域识别度较高，是目前行业中比较成熟的代表之一。

图2-19：中国银行的业务主要在国外开展，让全世界都能感受中国文化，因此，CIS设计的主导对象是国外客户，对于我们国内用户而言，这种极为简洁的视觉形象已无太大特色。

第二节　CIS设计创意构思

一、企业构思

对CIS设计要有创新意识，企业形象的独特性能使消费者产生信任和好感，对企业产品和服务的宣传具有较强的记忆认知。有创意的产品形象，能体现产品特性和企业品牌文化，并以此促进产品或服务的销售业绩。

企业构思可以通过形象思维与抽象思维相互转换来创新思路。其中，抽象思维是消费者对事物的客观反映，这种思维可以直接引入创意形象设计中去，依赖抽象思维可以激发创造动力，拓展思路，从而另辟蹊径生成全新的创意模式（图2-20）。

二、CIS创意设计方法

1. 形态分析法

形态分析法是将一个整体分为多个组成部分，然后对其中一个部分单独处理，分别提供各种设计方案，最后再形成统一的总方案（图2-21、图2-22）。

图2-20 毕加索抽象画的创新表现

图2-20：将毕加索的抽象画进行重新整合，融入现代、时尚元素，对画面重新规划，达到与消费者共鸣的视觉体验，是一种良好的构思方向，企业通过这种借用手法能开拓出更多发展思维。

图2-21：对企业文化进行分析，将主题文字信息拆解后转换为不同信息元素，将这些元素继续转化图形、图片，提取其中的主要形象进行融合设计，再次组合成全新的视觉识别形象。

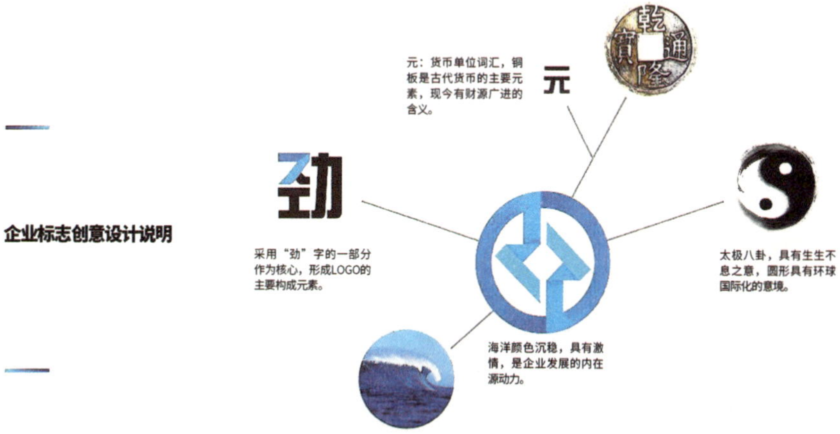

图2-21 互联网VIS视觉识别

2. 头脑风暴法

头脑风暴法又称智力激励法，是一种通过小型会议的组织形式，诱发集体智慧，相互启发灵感，最终产生创造性思维的程序法（图2-23）。

采用头脑风暴法组织创意设计时，要集中有关设计师召开专题会议，主持者向所有参与者阐明问题，说明会议的规则，尽力创造融洽轻松的会议气氛。一般不发表意见，以免影响会议的自由气氛。由设计师们“自由”提出尽可能多的方案。

小组人数一般为10～15人（课堂教学也可以班为单位），由不同专业或不同岗位者组成；时间一般为20～60分钟，设主持人1名，记录员1～2人，要求认真将参会者的每一个设想都完整地记录下来。

在头脑风暴创意中，为使与会者畅所欲言，互相启发和激励，达到较高效率，必须禁止批评和评论，也不要自谦。对别人提出的任何想法都不能批判、不得阻拦。即使自己认为是幼稚的、错误的，甚至是怪诞离奇的设想，也不得予以驳斥；同时也不允许自我批判，在心理上调动每一个与会者的积极性。只有这样，参会者才可能集中精力开拓思路。

图2-22：对LOGO进行重新规划设计后，融合到VIS设计的各个环节中，就能达到良好的统一效果，黑白之间的反差较大，能提升LOGO的档次与核心感。

图2-22 LOGO的视觉应用

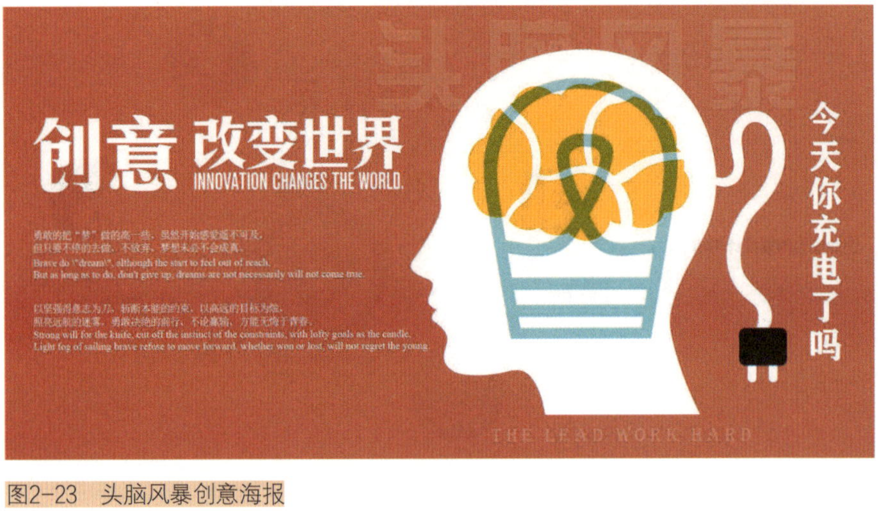

图2-23 头脑风暴创意海报

第三节　国内外的企业文化理念

一、企业理念和企业文化

企业理念是企业经营与发展的目标，是企业思想与信念的系统建立，是对目标的追求，并在生产与经营的过程中建立相应的行为准则和运作方式。

企业文化是整个企业文明的体现，是企业特有的文化形象。广义的企业文化是指企业创造的物质文化与精神文化，狭义的企业文化是指企业的经营宗旨、价值观和道德行为准则（图2-24、图2-25）。

企业理念与企业文化的关系非常紧密，企业理念是企业经营的主要策略，是企业文化的重要核心。企业理念统领着企业行为、经营方向，是企业文化在企业经营活动中的外在体现，直观的感觉形象。两者相互依存，互相作用（图2-26、图2-27）。

二、企业文化的作用

企业文化是提高整个企业凝聚力的重要手段，它主要是以企业精神为核心，是将企业成员的思想和行为引导到企业所确定的发展目标上来，又通过企业所形成的价值观念、行为准则、道德规范等，以文字的形式或约定俗成的社会心理的形式对员工的思想、行为进行约束。

企业文化包含企业形象塑造这个重要环节，企业文化包含管理文化、营销文化、传播文化等领域，为形象整合提供了更多的应用机会。企业形象的整合能映射出企业文化内涵，成为企业文化的视觉表现（图2-28、图2-29）。

图2-24　反映企业文化的CIS设计

图2-25　公司标志钥匙扣

图2-24：企业文化是具体的概念，然而CIS设计要将这些理念表达出来需要经过深度提炼，其中色彩搭配就是一种很好的提炼方式，每种色彩表达一种含义，再将这些色彩综合混搭，强化了全新的含义。

图2-25：金属质地文字是体现高贵与档次的重要方式之一，被黑色衬托更能显得精致，表达出企业理念的权威性，这也是企业文化的表达方式之一。

图2-26　体现企业文化的创意海报

图2-27　体现企业文化的设计

图2-28　企业文化墙

图2-26：企业文化要注入创意海报中去并不是非常容易的，通过实物形象来表意，需要对该物品有精准认识。

图2-27：服装与生活用品上注入VIS设计元素能强化统一的视觉效果，虽然LOGO形象不大，但可以增加多色图案来填充空白，同样能达到丰富多彩的视觉效果。

图2-28：企业文化墙中除了要表现出LOGO，还要对版式进行精确设计，图片与文字的穿插要把控好构图。

图2-29：企业海报的图片选用应当具有多重表意功能，不能让观众的注意力仅集中在某一个视觉元素上或对观众的思维起到禁锢的作用。最常用的是帆船航海图片，除了表现出企业要长远发展外，还能凸显出企业领导人的胸怀与魄力。

图2-29　企业海报

- 补充要点 -

CIS的三要素

CIS的三要素是指MIS、BIS、VIS，同时还介绍了三者之间的关系。通过学习应当真正理解CIS三要素的实质意义，各自的地位和作用：MIS有统一企业指导思想的作用；BIS有在动态行为过程中传达企业理念的作用；VIS为CIS的静态识别，有直接、有效地表现出企业知名度和企业形象的作用。真正认识MIS、BIS、VIS，为后期将要设计练习的案例打下坚实基础。

三、企业信息的传播方式

企业理念的核心是灵魂，当企业理念确定之后，通过各种传播媒介，运用多种传播方式和手段将信息传递出去，使消费者能认识企业、了解企业，对企业产生认同感，从而逐步在消费者心目中树立良好的企业形象。

企业理念信息传播主要通过两种媒介：一种是动态行为过程；另一种是静态视觉识别系统（图2-30、图2-31）。

1. 市场调查

企业要推销合适的产品，就必须进行市场调查，以求得与消费需要的一致性，在此基础上进行新产品设计和开发，为产品创造一定的特色，以适应消费者的需要。可以根据市场调查，在网站上设计出新颖的版式作品，通过拓展信息来提高企业的知名度（图2-32）。

2. 广告活动

广告可分为产品广告和企业形象广告。CIS设计应更加重视形象广告的创造性，来获得社会各界对企业与产品的广泛认同。产品形象广告要创造出符合顾客追求和向往的形象，通过图形、标志设计，让产品给消费者留下深刻印象，以唤起社会对企业的关注（图2-33）。

3. 公关活动

通过公关活动可以提升企业信誉，能消除公众对企业的误解，取得社会的信任。公关活动的内容很多，如文化活动、展示活动、新闻发布会等。社会公关传播活动是长期积累的过程，每次活动都不应该是孤立进行的，而应当将它作为企业行为识别整体的组成部分，相互促进才能获得良好的企业形象（图2-34）。

图2-30　香港TVB企业服装设计

图2-31　可口可乐的LOGO

图2-30：服装设计是CIS中的重要组成部分，作为人体动态行为包装，服装能随着人的运动将企业信息带到更广阔的范围，形成良好的宣传效应。

图2-31：对传统的LOGO进行立体化设计，能将普通二维平淡的视觉效果进一步丰富化，形成强烈的立体反差，使识别度更高。

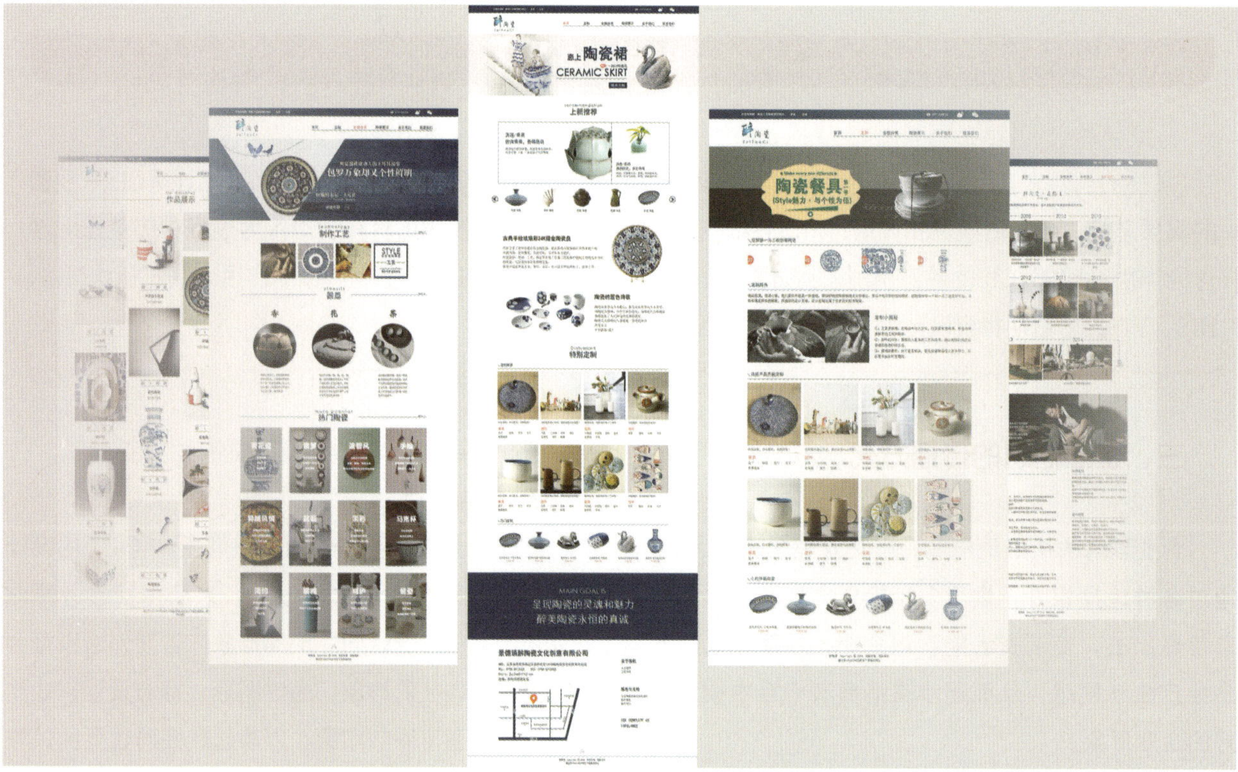

图2-32 陶瓷与艺术品企业CIS设计

图2-33 广告宣传海报

图2-34 企业商业策划活动

图2-32：陶瓷与艺术品企业文化对消费者来说并不陌生，为了在新时期进一步强化在现代消费者心目中的地位，通过周密的市场调查，设计了CIS系统并注入网页设计元素，领悟了消费者的需求，在网络化时代强调线上展示宣传，吸引更多新老客户，提升品牌知名度。

图2-33：广告活动的形式多样，通过宣传海报来提升传播广度效果显著，但要精选发布媒介，吸引更多潜在客户与消费者。

图2-34：现场视听活动的效果要高于传统二维广告推广，但成本也相对较高，在策划时要通过鲜明的创意点来强调活动主题，必要时可以设计一些富有创意的节目，或邀请知名嘉宾参与，形成良好的社会认知度。

本章小结

CIS设计是一种企业战略，通过统一设计个性鲜明的企业形象、品牌形象和产品形象，从而让观众产生强烈的认同感和价值观。CIS设计能为企业创造出最佳经营环境，提高市场竞争力。CIS设计是从战略策划到形象设计，再到形象传播的过程，并非单纯的图形与形象设计，应当整合整个企业文化与企业理念来统筹安排。因此，设计师在CIS设计中要更多关注企业文化与理念，如果企业暂时缺失，应当从全局考虑，为企业设计出具有个性的CIS作品。

课后练习

1. 概括CIS设计在中国兴起的作用。
2. CIS设计导入中国后有哪些明显的问题?
3. 国外的CIS设计具体表现在哪些地方?
4. 进入中国市场的跨国公司给中国的CIS设计带来哪些影响?
5. 概括CIS设计的方法与技巧。
6. CIS中，企业理念包含哪几点?
7. 查阅关于CIS设计的资料，找出国内与国外的共同点。
8. 根据自己对CIS设计的理解设计一个品牌或产品的图标。

第三章

CIS视觉创意元素

PPT 课件

学习难度：★★★★★
核心概念：概念、原则、色彩系统

章节导读

CIS设计可以让视觉具体化、形象化，属于企业外部形象，其中，MIS是抽象的精神，BIS是动态的行为，需要企业配合起草设计方案，或由企业自行设定，而VIS是将抽象符号转化成直观的视觉形式，它的执行效果会更直接、明显。因此，VIS在CIS的整个系统中是最具传播力，最容易被大众所接受的，占据主导地位。

VIS主要包括品牌标志、标准字体、标准色彩三大元素，这三大元素设计应当具有寓意性、象征性，准确诠释品牌内涵。可口可乐品牌的视觉形象对三大元素的美观、新颖、富有情趣的视觉表达，使该品牌备受关注与喜爱，博得大众的信赖与忠诚（图3-1）。

图3-1　可口可乐标志的创意设计

第一节　VIS手册设计

VIS手册是指VIS系统设计，是将品牌形象建立在实体之上，是品牌向外传播的重要形象载体，不仅可以给大众一种生动的感官印象，还可以使品牌的生命力呈现出来。

一、概念

视觉形象识别是指将观众可以看得见的一切事物（这些事物具有标准化和专业化）通过VIS设计达到将企业信息传达给观众的目的。视觉识别系统不仅是单纯的视觉表现，还是一项复杂的传播工程。它可以将企业信息进行提炼后转成企业视觉代码，是整个传播工程的关键。

视觉识别系统设计可以借视觉符号在企业中传递信息，表达企业的经营理念，可以将企业识别的基本精神通过视觉符号表达出来，从而使消费者识别并认知（图3-2）。

二、VIS手册设计要求

1. 严谨

VIS手册设计对各项设计有细致规定，如大小比例、主要颜色、手册材料、具体字体等，不仅要有图例，还要有详细的文字来进行说明（图3-3）。

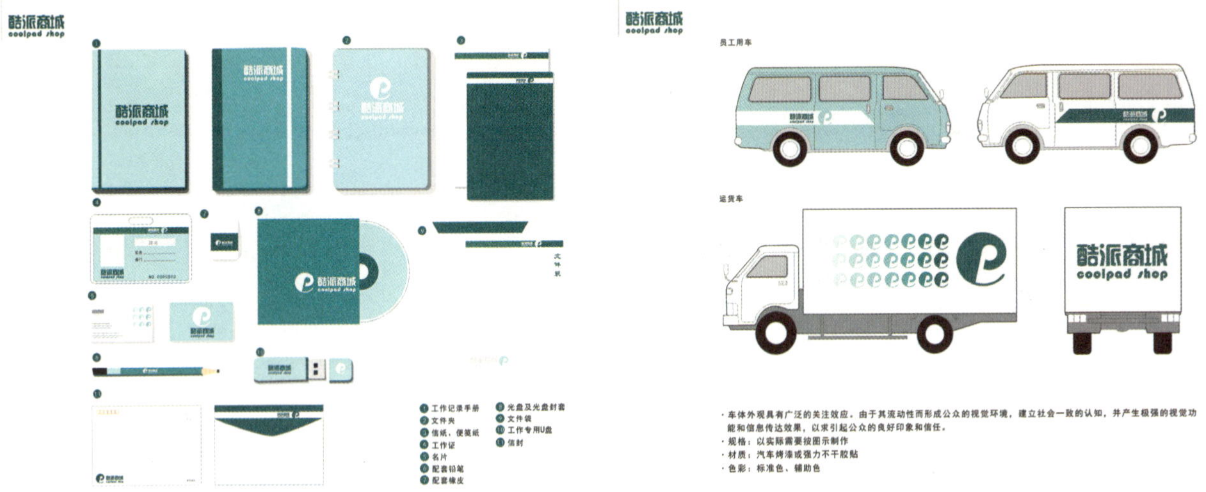

图3-2 VIS手册设计

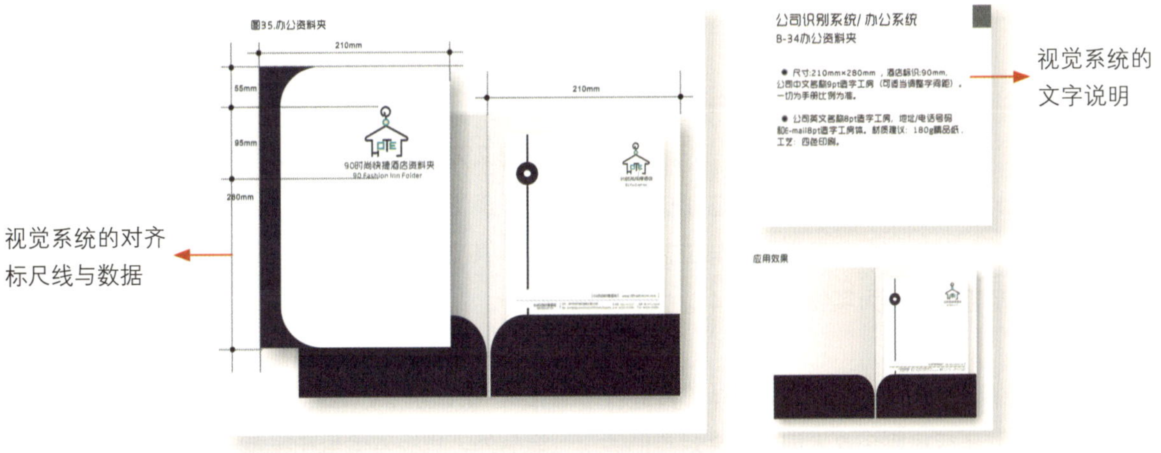

图3-3 VIS手册规范细节

图3-2：VIS手册设计具有强烈的系统性，需要对企业的各个环节进行设计，内容繁多，要保持设计元素与设计思想的高度统一，具体应用内容根据企业的发展需要来选定。在统一中求变化是设计思想的核心。

图3-3：VIS手册设计与编排过程中，应规范严谨，将所有设计元素、细节都考虑到位，版面设计精致统一，对每一个设计项目都有文字说明与尺寸标注。

（a）

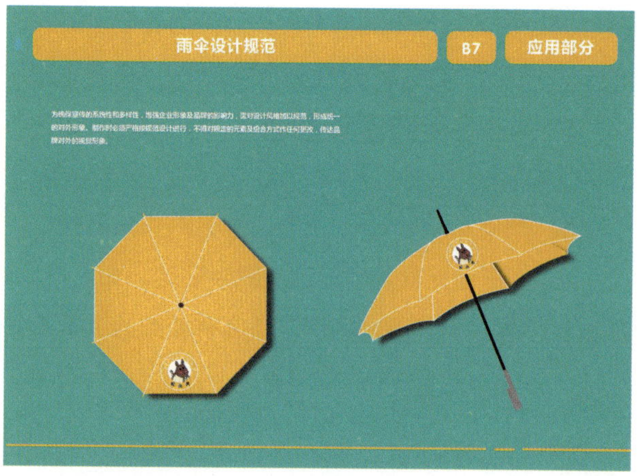

（b）

（c）

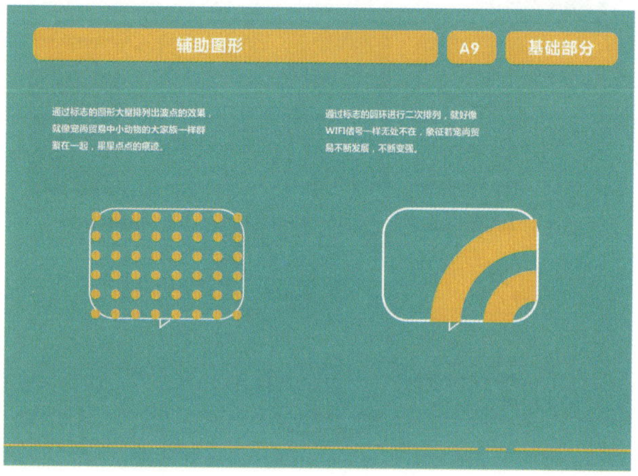

（d）

图3-4 VIS手册设计应用部分

图3-4：VIS手册应用设计应当富有创意，将设计细节综合到实物产品中来，重新规划图形的位置与排列，对应用实物的制作材料、加工工艺要有明确说明。

2. 可执行

VIS手册设计不仅要考虑审美需求，还要让设计作品能满足后期实物制作，主要是指材料与工艺可以通过实践来确定是否可生产为实物（图3-4）。

3. 完整

根据企业规模来制定设计计划与内容，再进行完整的项目设计，最后根据企业发展需要来对手册进行修改、补充（图3-5）。

CHANEL品牌VIS设计的特点：双C（LOGO，图3-6）、菱形格纹、山茶花。

双C：用在CHANEL服装的扣子或皮件的扣环上，很容易发现双C交叠而设计出来的标志，形成既封闭又开阔的空间。

菱形格纹：从第一代CHANEL皮件受到喜爱之后，其立体的菱形格纹也逐渐成为CHANEL的标志之一。

山茶花："山茶花"等于CHANEL王国的"国花"，不论季节，它除了被设计成各种材质的山茶花饰品外，也经常运用在服装上。

VIS基础视觉识别设计主要是围绕着标志、标准色、标准字体这几个组成部分来进行设计的。在基础识别系统中，这些组成部分是固定的，所有设计内容为了能达到最佳识别状态，要避免存在视觉干扰性因素（表3-1）。

表3-1　VIS基础识别设计内容

标志	辅助图形	标准字	标准色	企业吉祥物
标志释义	辅助图形色稿	完整与精简中文字体	标准色	吉祥物的立体效果
标志规范要求	辅助图形的效果图	完整与精简中文字体的方格	辅助色	吉祥物的基本造型
标志的规范制图	辅助图形使用规则	字体的方格坐标	特别色运用	公司吉祥物的造型颜色印刷
标志的色彩运用		完整与精简英文字体	明度运用规范	吉祥物的展开使用规范

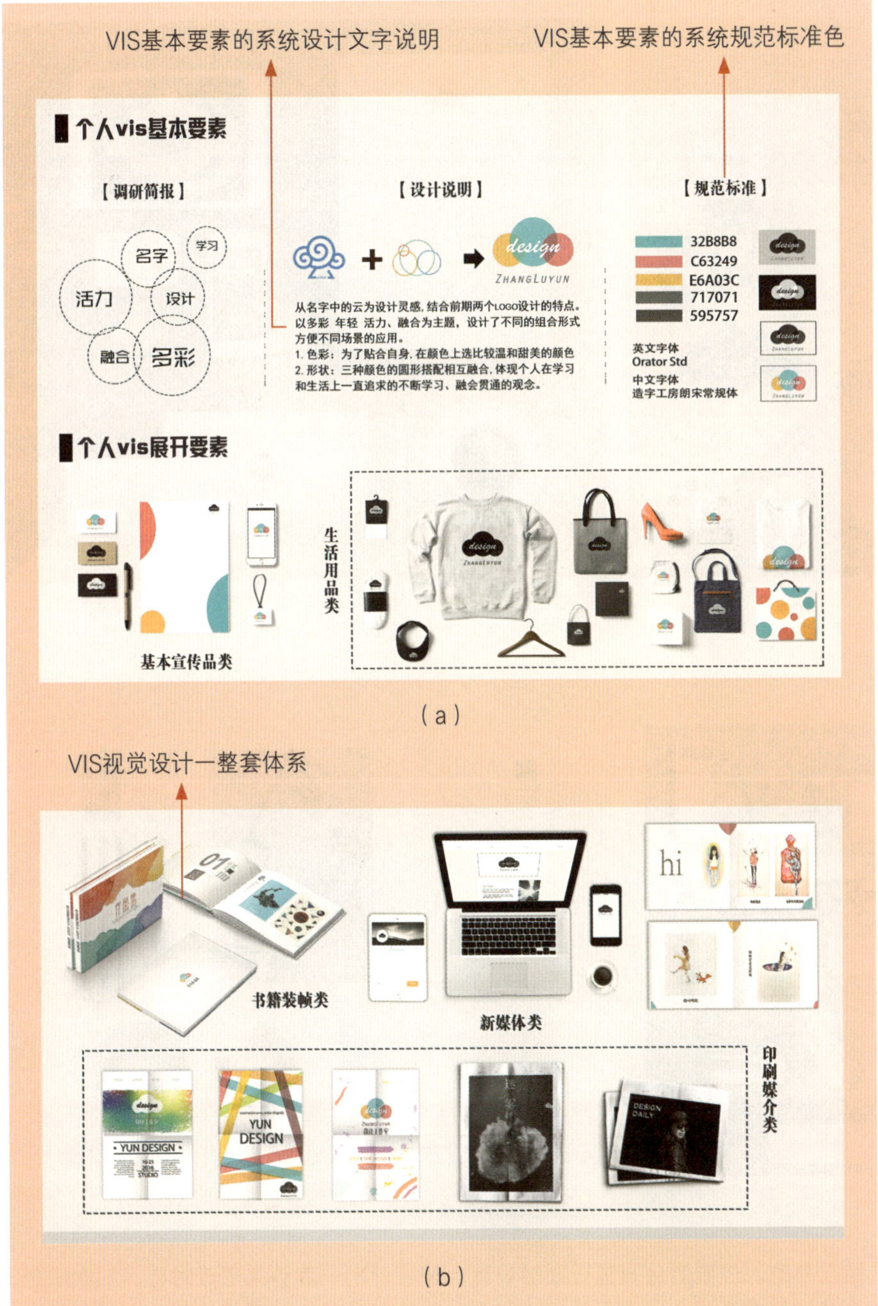

图3-5　个人VIS手册设计

图3-5：具体要设计哪些内容应根据实际需要来设定，对近期与远期的需求都要有规划，近期需求可以具体、直观，设计出多种备选方案，远期需求也要清晰明了，设计具有代表性的产品即可。

图3-6　CHANEL图标

三、VIS设计的原则

1. 统一原则

以统一的设计模式代替企业品牌在各项设计中的应用，可以形成统一的视觉效果来提升品牌识别效果（图3-7）。

2. 系统原则

VIS设计主要打造的是品牌视觉识别，系统而全面地决定了各项应用设计，不能对系统设计中的部分设计项目进行个性化设计（图3-8、图3-9）。

系统性是指全面而完善的设计内容，将所有设计项目，尤其是应用系统都要完整表现，从办公用品到工作制服，再到交通工具，全面统一注入企业LOGO元素，并对LOGO有序安置，注意色彩的深浅关系，要让设计元素之间相互衬托，才能达到完美的视觉效果。

（a）　　（b）

图3-7　咖啡店VIS统一性

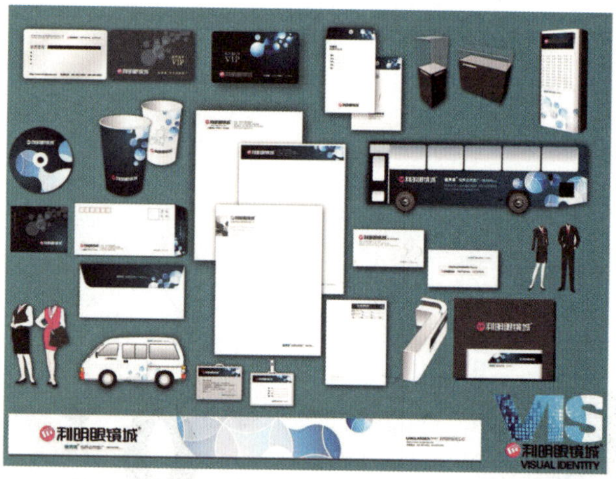

图3-8　眼镜店的VIS设计

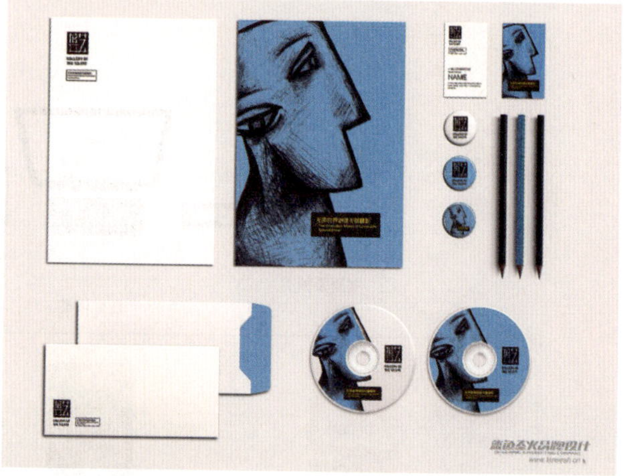

图3-9　VIS创意设计

图3-7：用色彩来统一视觉效果是最容易的，但要对色彩进行规划设计，即设计出一套色来形成对比，如咖啡色，可以设计为褐色、棕色、驼色、土黄色、米黄色等，从深到浅依次选用，设定每种颜色的空间比例，穿插黑、白、灰色进行搭配就能形成强烈的视觉效果。

在办公用品上要注重统一原则下的系统设计，虽然设计对象品种较少，但也要进行多元化设计，对同一件物品应当设计出2～3种不同款式，用于不同场合，这深度体现了系统性原则。

3. 规范原则

为了达到在整体风格上具有统一感受，视觉设计十分强调制作标准与实施规范，并会在VIS手册设计中对这些规范进行明文要求（图3-10）。

4. 实施原则

VIS设计应在具体实施上简单可行，避免在实施过程中产生昂贵的成本，甚至将设计变成无法实现的方案（图3-11）。

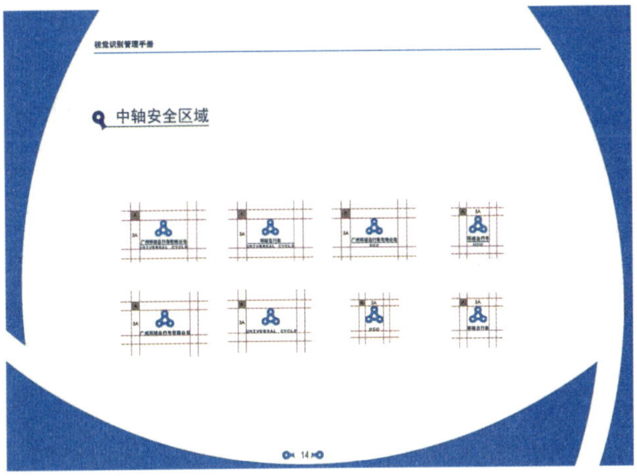

（a）

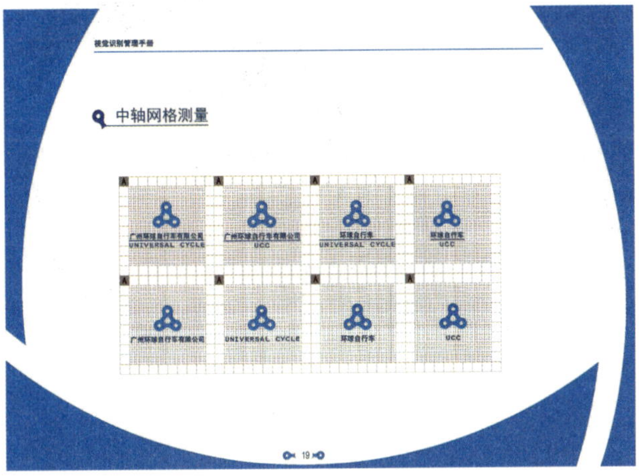

（b）

图3-10　VIS规范设计图

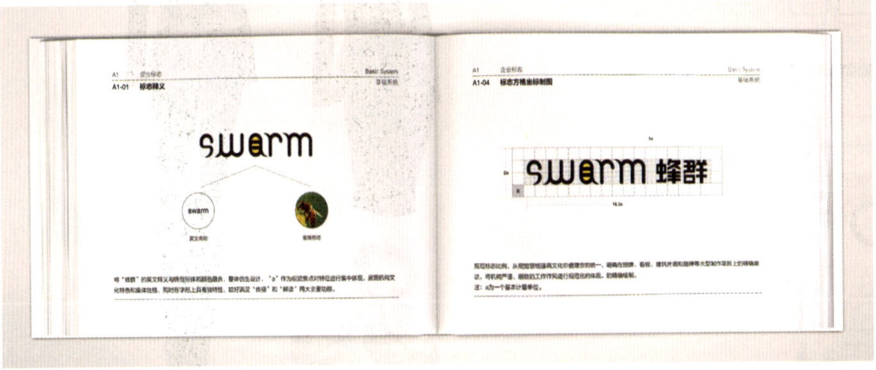

（a）

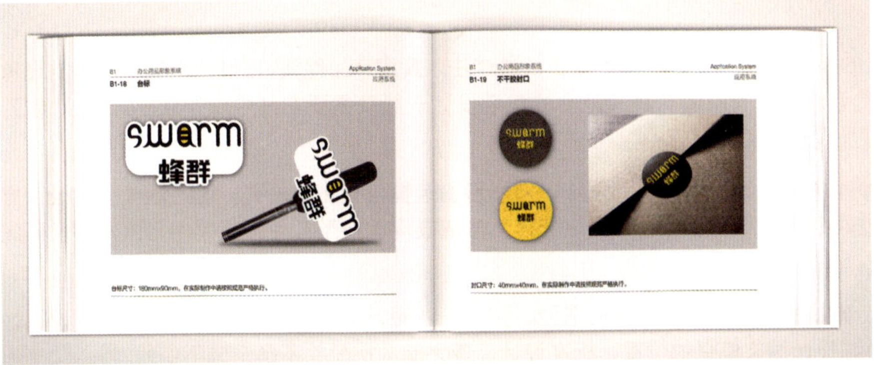

（b）

图3-11　企业VIS手册

图3-10：将基础元素设计完成后要进行规范性调整，让基础图形、文字变得更有条理，应当在图形外围轮廓上设计规范线框与定位网格，标注文字与数据。经过规范化处理的设计元素能快速且标准地运用到后期应用环节中。

图3-11：VIS手册中的应用部分就是实施的方略，要求所设计的各项元素都能用于具体产品上，让产品以真实的功能投放市场，消费者更容易接受。

5. 审美原则

VIS设计是一项品牌形象的包装工程，要有绝对的美感和品牌个性形象，从而为产品奠定具有美感的视觉印象（图3-12、图3-13）。

6. 管理原则

避免在各种实施环节中出现随意性，必须严格按照VIS设计的规定执行（图3-14、图3-15）。

图3-12 美观VIS设计

图3-13 创意VIS设计

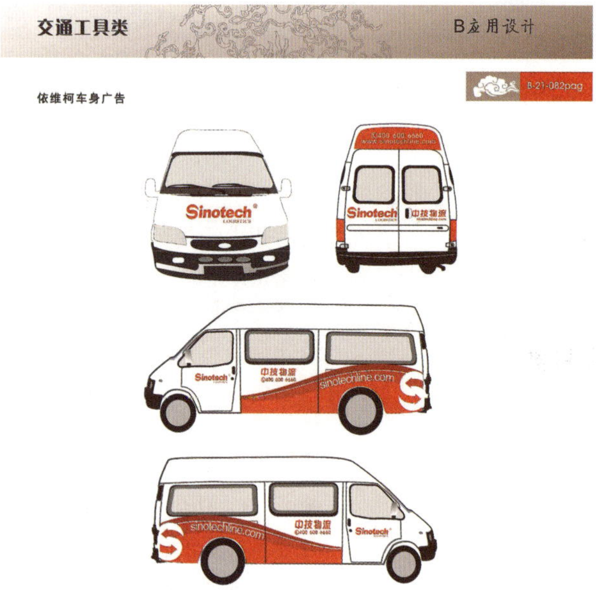

图3-14 企业车身VIS设计

图3-15 企业服装VIS设计

图3-12：VIS设计中最能体现审美的环节就是产品的外观包装了，通过注入真实产品能让VIS设计中的个体视觉形象变得具有亲切感，让投资方与消费者感到物有所值。真实产品的包装设计一般只需要在其中赋予企业产品LOGO，搭配预先规划好的色彩与图形即可呈现出真实的美感。

图3-13：运用成品图形来提升视觉审美是比较简单的设计手法，对图形的选择与变化是关键，让图形美观与设计思想相融合。这类植物图案可以通过网络资源下载后，进行变化处理，形成圆环状造型，包围文字图形LOGO，形成具有强烈向心性的美感。

图3-14：车身设计要把控好门窗、轮眉的位置，主要色块的造型、文字应当避开这些结构，否则对形象的可识别性就会减弱，对于不同车型，可以单独设计图文信息的位置，标准设计元素之间的搭配并不是一成不变的。

图3-15：在服装设计中，除了选择服装款式外，还要对面料精挑细选，符合着装场合与功能，最重要的是要选择配饰，如头巾、腕带、胸针等饰品，这些产品应定制加工，不能勉强使用市场上的成品。

四、VIS手册中的标准字

VIS手册中的字体是设计师经过初步创意后，深入细致设计的产物，是能表现企业名称或品牌形象的字体设计，是VIS手册系统中最基本的元素之一。

字体设计经常要与标志组合在一起，需要有明确的识读性，可以将企业或品牌的形象直接传递给观众，起到强化企业形象与品牌形象的作用。因此，VIS手册中的字体设计与标志设计同等重要，标准字设计可以分为手写字体设计和艺术字体设计两大类（图3-16）。

手写字体设计主要是针对名人题字来转化的，可以在不改变原创的前提下对其进行调整或编排，达到与标志相互协调的效果。

艺术字体设计在视觉识别系统中能方便观众阅读。设计的字形主笔画不变，在常规印刷字体上进行适度变化、装饰，这样可以脱离印刷字体的约束。根据品牌或企业经营性质进行字体设计，加强文字的艺术感染力（图3-17）。

（a）　　（b）

图3-16　标准字设计

图3-16：标准字设计是在常规字体中选择一款与设计对象相关联、相匹配的字体，再对该字体进行变化处理，主要变化方式是对文字结构的转角进行深度设计，如直角变圆角，圆角变倒角等。还可以对字体笔画的宽窄进行变化，如横变细，竖变粗等。变化的复杂程度根据所选常规字体和设计对象的特性来确定。

图3-17：手写字体设计离不开企业的经营性质，运用修饰手法，以丰富的想象力，重新构成字形，加强了文字的特征，也丰富了字体的内涵。在进行手写字体的设计过程中，不仅要求单个字形的美观，更要注重整体风格的和谐统一，以达到强烈的视觉冲击。

图3-17　手写体的变化处理

现代字体设计不仅要体现时代感，与国际接轨，还要注入设计经验和设计元素。中文字体设计需要强调开放与融合，除了搭配英文外，还要在自身形体上进行变化创新。

VIS应用系统的设计是标志、标准字体、色彩的综合实施，是将品牌形象建立在实体之上。应用系统设计应当保持统一性原则，避免与品牌整体风格产生脱离，避免刻板、单调的设计作风。不能将没有进行变化处理的标志直接放在应用媒介上（图3-18~图3-20）。

办公用品设计既是企业开展业务时的道具，也是传播形象的重要载体，主要包括文件用纸、证件、票据、名片、信函、请柬等内容，还可细分为办公用纸的开型、便笺纸、文件夹、资料袋、信封、信纸、员工证件、胸卡等，设计方式应根据企业的具体需求和设计人员的创意来表现（图3-21）。

在现代商务交流中，电子邮件被大量使用。因此，在办公用品设计中，应当增加企业邮箱页面设计，将邮件发出者的界面与邮件底图进行设计，使收件人可以了解发件人的职务、联系方式、供职部门等信息。在电子邮件的

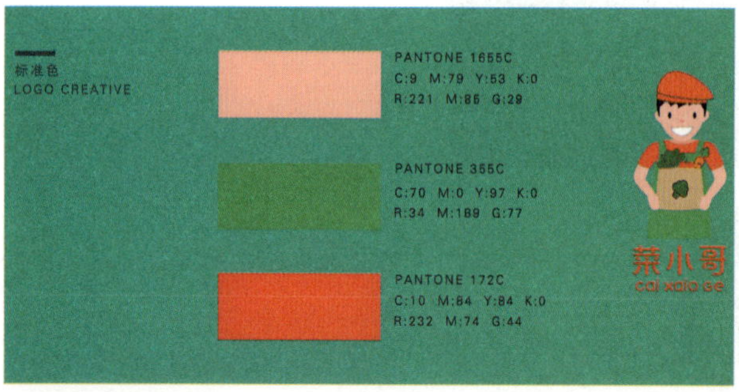

图3-18　标准色

图3-19　标准字

图3-18：标准字中要注入标准色，使文字与整体VIS手册标准统一。

图3-19：标准字的设计往往仅针对企业名称与主要标题进行设计，在常规字体中变化即可，但是一般不直接运用常规字体，否则会让企业形象变得过于普通。

（a）

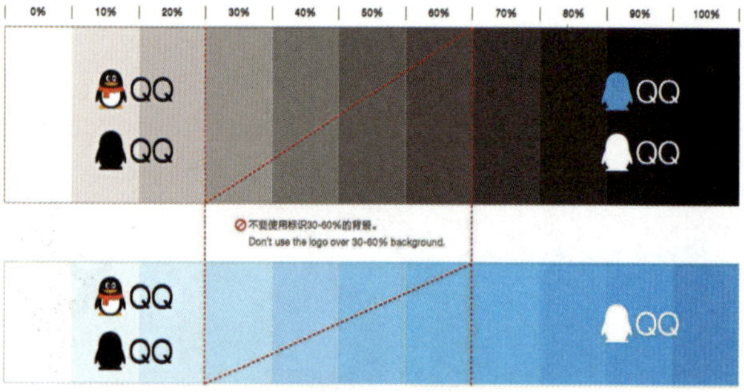

（b）

图3-20　腾讯QQ图标VIS设计

图3-20：家喻户晓的腾讯品牌应用系统设计，是基于视觉要素企鹅形象的基础上，通过再设计、再拓展的模式，尝试采用不同色彩来表现企鹅形象的表达效果。

（a）　　（b）

图3-21　办公用品VIS设计

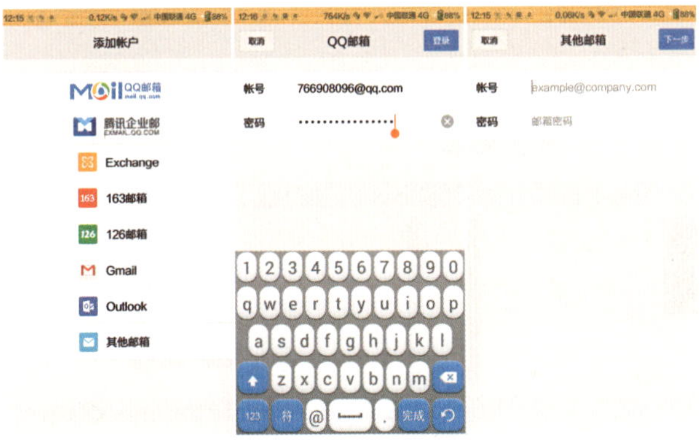

图3-22　手机电子邮件

图3-23　YoMail电子邮件界面

图3-21：办公用品设计看似琐碎，但可以体现企业的经营之道，以小见大，体现企业精神和品牌的独特性。设计办公用品时，可以购置成品在其表面进行文字的手绘设计，然后通过计算机设计处理后，打印到白底成品上，校对无误后即可定型生产。

图3-22：手机电子邮件收发界面需要专业App界面设计，要注入特殊文字，成本较高，内容较复杂，可以选用现有的邮件收发App的个性化定制设计系统来变换收发界面与信纸底图。

图3-23：电脑端邮件收发可以轻松设置收发界面底图，在现代VIS设计中应当增加这个环节，让使用者在发送邮件时能随时调用图片，替换其中的文字，完成良好的企业形象推广。

版面中可以改变常规，纸张可以选择更换，甚至可以设计多种模板供发件人选择（图3-22、图3-23）。

VIS设计承载着视觉传达的职责，VIS设计所包含的内容及项目最多，传达层面最广。通过全套VIS设计能提升企业在公众心中的形象，通过标准字设计能强化这种形象的规范性（图3-24～图3-26）。

图3-24　服装VIS设计手册

图3-25　面包VIS设计手册

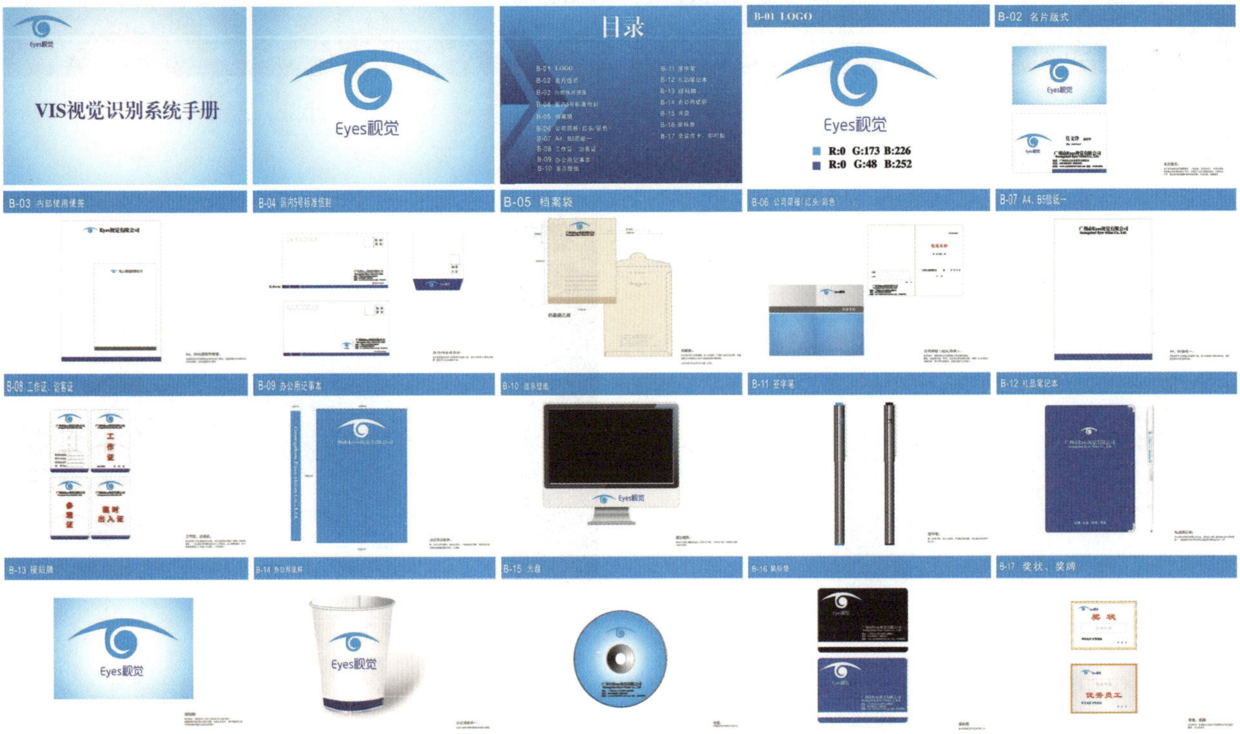

图3-26　完整的VIS设计手册

图3-24：服装品牌的VIS设计手册重点在于产品的推广与品牌的延伸，服装模特与服装产品作为VIS设计手册版面设计元素，搭配经过变形处理的文字，能丰富与提升VIS设计手册的品质。

图3-25：烘焙品牌的VIS设计手册重点在于产品的文脉，可以在各应用产品的界面上设计具有历史文脉的图形图像，如创始人、形象代言人的形象，搭配古典图形与文字来衬托。

图3-26：完整的VIS设计手册门类齐全，对文字设计的要求非常高，将设计定型的标准文字运用到各个环节，能快速表现企业视觉形象的高度统一。

五、辅助图形的应用

辅助图形是视觉识别形象设计的扩展，它具有灵活多变的特征，对企业与品牌形象进行有效补充，有助于最大化地发挥品牌价值，增强企业形象的生命力与亲和力。辅助图形自由度高，可以根据实际情况综合运用（图3-27、图3-28）。

辅助图形是对品牌标志的延伸，它既是标志设计的补充，又是对完整企业形象塑造的提升，它能增强品牌形象的审美效果（图3-29）。

辅助图形的设计有三种方式：一是以标志为基础的，借用了标志轮廓，进行局部改变；二是根据标志图形进行模仿设计，与标志设计在视觉上形成统一感；三是根据理念宗旨进行图形设计，与标志图形造型无明显关联（图3-30）。

辅助图形设计需要兼顾视觉美感，对标志、标准字之间进行组合搭配，辅助图形使用方法多种多样，既可以单一使用，又可以与标志、文字等元素组合使用。通过复制、排列、组合等方式形成新的图案效果，增强图案的可识别性与记忆力（图3-31）。

图3-27　手提袋的辅助图形

图3-28　办公用品的辅助图形

图3-29　奢侈品LV辅助图形

图3-30　零食产品辅助图形

图3-31　VIS中辅助图形的应用

图3-27：设计辅助图形具有为实现品牌推广的目的性，又具有图案设计的装饰性，因此，辅助图形应围绕视觉要素的核心标志进行设计。多选择抽象的几何形或带状效果，多借鉴编织交错的图形效果。

图3-29：LV品牌的Monogram图案是由圆圈包围的四叶花卉、四角星、凹面菱形内包四角星，加上重叠一起的LV两字组成经久不衰的图案，已经成为经典。

图3-30：零食产品的图形获取元素很丰富，原料动物、烹饪器具、生活用品等都可以进行设计，强调生活气息与产品的亲和力，辅助图形的轮廓和图形细节都可以作为版面设计的重要组成部分。

图3-31：最基础的图形源于自然、源于生活，搜集并运用这些图形元素可以让VIS手册中的视觉元素变得更加丰富，同时这也是对基础应用设计的元素积累。

- 补充要点 -

VIS的基础设计元素

VIS的基础设计元素是将标志、标准色、字体等元素，经过组合等方式应用于不同产品上，使品牌视觉要素得以统一。VIS的应用设计应当依据项目类别进行独立设计，如企业类、产品类，环境类等。因此，在具体操作时切不可简单套用通行的项目，而应当从实际出发根据需要来设计。

第二节　企业标志设计

VIS基础部分的视觉要素是由标志、识别色系、标准字体三大要素构成。标志设计是重点，标准字体设计相对独立，原则上应采用与标志设计风格相协调的字体样式。再围绕三大视觉要素，展开严密的规划设计。

企业强大的整体实力、完善的管理机制、优质的产品和服务，都被涵盖于标志中，通过对标志设计反复刻画，来提升企业外在的视觉形象。

一、标志的特点

1. 识别性

标志是区别企业与产品的重要媒介，是现代企业市场竞争的重要组成部分。因此，标志设计必须具有独特的个性和强烈的视觉冲击力，在CIS设计中，标志是核心，是最具识别性的信息的设计要素（图3-32、图3-33）。

2. 领导性

标志是企业开展信息传达的主导力量，标志的领导地位是企业经营理念和经营活动的集中表现，贯穿并应用于企业的所有活动中，权威性能体现在视觉要素的其他方面，任何要素都是以标志为中心而展开设计的（图3-34）。

3. 营销性

标志本质上是企业产品与服务的象征事物，标志设计能准确传递产品或服务的核心信息，体现产品的品质特征，体现企业与实力等，具有营销的目的和作用（图3-35）。

图3-32：婚礼行业追求完美、清新的视觉形象，面对的消费者主要是女性，因此标志设计形体以唯美化较高的皇冠图形为基础，增加修饰点缀，横向英文字母且拉开间距，高规格的华丽感瞬间形成。

图3-33：幼儿园富有童趣，图形边缘圆润，图形填色采用渐变手法，具有圆润的立体效果，让小朋友和家长能明确识别。

图3-32　婚纱店标志

图3-33　幼儿园标志

4. 延展性

标志在各种传播媒体上广泛应用。由于印刷方式、制作工艺技术、材料质地和应用项目不同，标志设计多采用具有延展性的图形变体设计，以产生适宜的图形效果（图3-36、图3-37）。

5. 系统性

标志设计确定后，应进行标志的精致化设计，主要是指标志图形的细节调整、标志图形与其他设计要素组合的规定。目的是对标志的应用进行规划，达到系统、规范、标准的视觉效果，从而提高识别应用的效果。尤其是采用统一标志与不同色彩、同一外形不同图案或同一标志图案不同结构等方式，来强化关系企业的视觉识别效果，展现企业文化（图3-38、图3-39）。

图3-34　标志的一体化

图3-35　雀巢标志

图3-36　旺旺标志

图3-37　美年达标志

图3-34：确定标志形体后，将标志形体运用到VIS设计中的各个环节上，以主要LOGO为领导，增添辅助图形、文字进行衬托，给整个产品链带来统一的视觉效果，这种统领功能是标志设计的重要特点之一。

图3-35：雀巢标志的语意具有情感，每个人都有情感需求，让消费者感悟到动物家庭的温馨，从而产生强烈的效仿欲望去选购雀巢产品。这种打情感牌是最典型的营销手法。

图3-36：旺旺的标志设计具有中性化，虽然是儿童卡通形象，但可以用于任何产品的外部包装，不局限于儿童食品饮料，只要与儿童相关的产品都可以使用，这种延展性是标志的功能精髓。

图3-37：美年达对饮料的理解完全超越了口味，对非可乐产品全面覆盖，因此，标志设计富有动感，只需要改变颜色与底图形象就能被其他产品所用，为以后开发新产品打下了良好的基础。

6. 应用性

标志的应用范围非常广泛，标志设计不仅要考虑到平面、立体造型，还要考虑不同材质的制作成本，需要考虑制作工艺，确保实施效果，以及各种媒体的承载需要（图3-40、图3-41）。

7. 涵盖性

当消费大众将企业标志记忆在脑海中，经过日积月累，再次见到这个标志时，就会联想到曾经购买的产品与服务，从而深度认识企业的品质，当这家企业增加或转变经营项目后，标志设计仍然能表明这家企业的综合实力，能涵盖企业的各项业务方向（图3-42）。

图3-38 杲昃餐厅创意标志

图3-39 素食斋餐厅创意标志

图3-40 新浪微博图标

图3-41 微信图标

（a）

（b）

图3-42 上海永久牌标志与涵盖性应用

图3-38：杲与昃二字都属于上下结构，在设计时运用两字结构上的相似，将文字设计成男女人物形象，表意精准，字体结构在逻辑上具有很强的系统性。

图3-39：标志中的主体是文字，笔画左右相连，形成系统性很强的视觉效果，笔画纤细具有精致感，符合企业营销主题。

图3-40：对眼睛的形态进行放大后，表达微博被人关注的特征，这种通过人物器官来转换的应用型标志设计具有很强的推广价值。

图3-41：对交流的人头部图案进行组合，保留眼睛，省略其他器官，形成较强烈的静默感，是微信使用与推广的独特魅力。

图3-42：一家从事自行车研发、生产的企业保留传统业务的同时，还拓展了咖啡厅新业务，看似没有关联的两项业务，最终都能被涵盖在标志设计中。

8. 情感性

标志设计应当给人正面的情感诉求，比如：平易近人、感染力强、美的联想、积极向上，一定要符合消费者的心理诉求等（图3-43）。

二、标志的设计原则

1. 有目的地去创意

设计之前要明确标志设计的具体受众群体，明确目标群体后，可以将使用环境、使用条件和使用时间清晰反映出来。此时就可以了解设计创意的方向，或是从企业经营项目入手，或是从企业文化理念入手。这样设计出来的标志才具有丰富的内涵与创意，从根本上满足受众群体的需求和审美。

2. 符合传统审美

古代人择吉而居，就是寻求安全感。传统审美就约定俗成了，远古图腾就是人们对美好生活的选择、比喻。图腾是人们憧憬神话的结果，图腾存在比文字还要早，在审美形态上已经被大众所接受，审美情结更是根深蒂固。在现代标志设计中，可以根据需要适度融入传统图腾造型元素，让标志设计具有一定的传统根基（图3-44）。

3. 统一形式

标志设计具有形式和结构特征，这是一种设计共性，标志设计的形式和结构所构成的规律，已经广泛应用到VIS设计中了。统一形式主要由几何形式、结构、材料三大要素组成，互为关系，不可分离。将这些要素构成在一起，进行优化处理，变成新的标志图形（图3-45、图3-46）。

（a）　　（b）

图3-43　社会关爱式标志

图3-45　悦诗风吟标志

图3-46　纪梵希标志

图3-44　中国吉祥图腾

图3-43：给标志设计注入情感是最困难的，虽然每个人的情感需求都是不同的，但对于社会关爱公益事业，大家的认同还是有一致性的，运用心、手等图案来表现，能让所有观众接受。

图3-44：几乎所有中国企业都可以采用中国传统图腾与纹样，无论是现代科技的中大型企业，还是标榜时尚、现代感的小微企业。关键在于提炼其中的有效视觉元素，或是一个局部图形，或是一个对称形式，再进行变化就能得到比较完美的传统风格标志。

图3-45：虽然标志中的图形元素很多，但是都通过枝叶环绕来统一，配置统一的绿色，紧密布局，形成的视觉感受具有强烈的向心感与统一感。

图3-46：通过对称与重复的设计手法组合成图形，配置统一色彩，具有强烈的统一性。

图3-47　国外酒水图标

图3-48　国外创意餐厅图标

图3-47：消费群体对酒水的认知主要集中在休闲、娱乐、猎奇，甚至高消费上，因此，酒水类标志的设计以独特新颖和强烈的个性化为主，加大文字变形力度，配置丰富的色彩，促使各种消费群体都能接受这类图形。

图3-48：国外餐厅的特色在于权威性，食材与厨师技能是关键，为了迎合消费者的这种心理需求，餐厅的标志设计以勋章图案为主，强化红、蓝对比，具有强烈的视觉效果，标榜餐厅的权威与品质。

4. 标志设计的目标

标志设计的目标是正确传达语意，表明企业的核心设计诉求，需要依靠内容、形式和技术来完成。设计目标可以定位为提升企业与产品的市场知名度，规范企业员工的行为，衬托企业理念。只有设计目标明确了，才能精准设计出完美的标志（图3-47、图3-48）。

- 补充要点 -

标志设计的特点

标志设计的特点主要为简洁，并且能由平面转为立体。受传统制作工艺与材料限制，将平面化的标志加工成立体化存在一定困难，只能从简洁角度入手，运用对称、均衡、和谐、韵律、重复、统一等形式美原则进行变形加工。现代材料与加工工艺水平都有所提高，标志设计与制作开始由平面转向立体，可以运用多种效果和技术工艺来制作更加丰富的形式，形成多样的设计风格。

第三节　吉祥物设计

吉祥物是标志在企业竞争形势下的延伸，也可以认为吉祥物是企业的第二标志，它能补充标志的意义，能直接影响消费者对企业和产品的价值观念，有利于企业建立个性化形象。

设计吉祥物要理性地分析品牌效应与产品、服务的特征等，以企业理念为定位，再决定设计的方向，选择设计所需要的素材，设计出与企业、产品相符合的辅助图形（图3-49）。

一、吉祥物辅助图形设计

1. 造型与产品关联

辅助图形的形象应与企业经营理念、产品特色相关，塑造出来的形象要与企业或产品主题关联吻合，这些图形之间才能和谐、自然，形成独具个性的视觉形象（图3-50、图3-51）。

图3-49　三只松鼠的吉祥物

图3-50　天猫企业辅助图形

图3-51　苏宁易购企业辅助图形

图3-49：三只松鼠作为一家零食销售企业，在品牌创立时就引入吉祥物，让松鼠的视觉形象深入人心，三只松鼠的吉祥物表现出三种不同的角色个性，覆盖了当今所有零食产品的潜在消费者。

图3-50：天猫是以女性形象为基础进行设计的，略微偏中性，表明了天猫商城的主流消费对象是女性，兼顾部分男性消费者，这种辅助图形是对文字的最好诠释，给消费者进行了精准定位。

图3-51：苏宁易购选用狮子作为辅助图形，表现出企业的权威性，从而提升了市场亲和力，对消费者而言，在苏宁易购消费心理上具有安全感。

2. 具有独特个性

辅助图形应当与众不同，个性鲜明，在造型、风格和气质上都独具特色，在设计中只需要抓住其中一个个性特征就能达到预期的效果，能提升图形的识别性（图3-52、图3-53）。

3. 富有情感

辅助图形应可爱、有趣，富有人情味，针对特定的消费群体，辅助图形应具备特定的情感与气质，令人感到亲切，并能被消费者接受（图3-54、图3-55）。

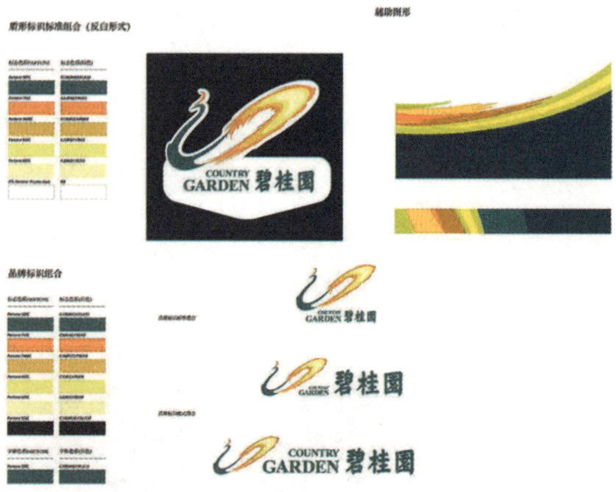

图3-52　碧桂园辅助图形

图3-53　旅游景点辅助图形

图3-54　清新型辅助图形

图3-55　复古型辅助图形

图3-52：碧桂园作为中国知名品牌地产开发商，对辅助图形设计十分考究，区别于其他地产商五颜六色的形态，将辅助图形集中在一个具象的图形上，采用一定的色相对比，形成较强烈的视觉冲击力。

图3-53：旅游景点的辅助图形一般不宜超过主体文字，以低调的视觉形象来表现出旅游景点的特色，在形态上要给观众想象空间，不能过于具象。

图3-54：给图形注入亲和力是输出情感的重要方式，亲和力的表现主要体现在图形的通俗性上，圆形是最基础的图形之一，在圆形中增加文字，让文字适合整个圆形，识读性与亲和力都能具备。

图3-55：将各种工具图形组合设计为整个面域，形成较大的视觉效应，色彩选用经过低调处理的红、黄、蓝三原色，古朴的色彩搭配复古的图形，形成强有力的情感输出效果。

4. 造型稳定端庄

辅助图形在造型上虽然可以进行一定变化，但也应与标准图形一样，具有稳定的形态特征，不能随意改变（图3-56、图3-57）。

5. 取名趣味性

辅助图形取名要别致、有趣，富有人情味，能给人留下深刻印象，使人见到它的名字便能立即联想到该企业、产品、服务等具体形象（图3-58、图3-59）。

6. 造型的表现性准则

对辅助图形的形态和表情进行夸张、变形处理，使其形象特征更加鲜明突出（图3-60、图3-61）。

7. 造型的简洁性准则

辅助图形要高度概括、提炼，尽可能单纯化设计，使企业个性更加突出，不宜增加过多设计细节，否则不便于观众识别与记忆（图3-62）。

图3-56 腾讯QQ

图3-57 京东商城

图3-58 海尔兄弟

图3-59 米其林轮胎

图3-60 七喜饮料

图3-61 M豆的吉祥物

图3-62 淘宝吉祥物

图3-56：腾讯的企鹅造型一向稳定端庄，赢得了全国人民的认可，形象对称化，色彩对比化，能适应任何环境下的商业宣传。

图3-57：京东商城的辅助图形虽然没有对称感，但色彩单一，与底色衬托形成十分醒目的视觉效果，卡通形象底部投影与站立的姿态具有十分稳定端庄的气势。

图3-58：海尔兄弟的名称源于中国与德国的友好国际关系，从卡通形象的视觉特征上可以感受到童趣，因此配合取名为海尔兄弟就十分贴切了。

图3-59：取名为米其林的商业品牌不在少数，但是将中文音译与卡通形象结合起来，就能达到较高的趣味性，吸引消费者关注。

图3-60：七喜饮料的卡通形象出现较早，人物造型也比较夸张，但在商业营销中，经常被文字所覆盖，没有引起消费者的共鸣，作为辅助图形来看，黄色衣着更能体现出主体品牌的核心效果。

图3-61：M豆的吉祥物图形设计简单，色彩搭配丰富，除了蓝色还有其他多种色彩，直观表述了产品的具体形态，造型定位十分精准。

图3-62：淘宝吉祥物的造型十分简洁，但通过系列化设计，增加了多种动态角色，将品牌的视觉效应拓展得十分宽广，能概括出淘宝运营模式的多元化。

二、吉祥物设计的作用

1. 统一品牌印象

标志具有企业和商品的标签性认知作用，具有法律认可，不能被吉祥物所代替，吉祥物只能作为企业VIS中的补充部分。

在企业宣传中如果只有商品名和标志，会显得过于单调，很难引起观众共鸣。单独运用广告语来辅助也不够，由于每个人的理解能力不同，语言的传达更有产生歧义的可能。

当观众对自己第一眼所见到的形象能留下足够强烈的记忆，当这个形象再次出现时，就会加深第一次的记忆，吉祥物就正好能起到这样的作用，它不仅能吸引人注意，还能在观众头脑中逐渐形成企业、产品的特征（图3-63）。

2. 亲切感

吉祥物具有悦目感、趣味感、活泼感，吉祥物带有幼稚可爱的形象具有很强的亲和力。适用于以女性和儿童作为主要消费对象的企业，或用于高科技的企业来推广产品或服务，采用吉祥物往往能获得较高的认知度（图3-64、图3-65）。

图3-63：2008年北京奥运吉祥物的5个主角，具有统一的视觉形象，虽然色彩不同，但姿态、五官、构成模式都是相同的，整体感十分符合中国国情与中国人的气质。

图3-64：牛的形象虽然比较单一，但黑色与橙色搭配，让牛的面部表情具有很强的亲切感，符合企业品牌定位为中端消费者。

图3-65：蚂蚁金服面对的是中高端消费群体，要提升吉祥物的科技感，运用了蓝色与光电金属感来衬托视觉形象，满足中高端金融客户的亲切感、认知度。

图3-63　2008年北京奥运吉祥物

图3-64　途牛吉祥物

图3-65　蚂蚁金服吉祥物

－ 补充要点 －

吉祥物的特征

1. 独特性：应具备与众不同的外形，要与其他吉祥物区分开。
2. 说明性：表明企业意义，让观众了解企业文化内涵与宣传信息。
3. 艺术性：经过深度艺术加工表现，让观众更加容易识别，具有视觉冲击力。
4. 幽默性：引起观众的兴奋感与喜悦感，激发观众想象，调动观众的心理情绪。
5. 拟人化：设定人物性格与形象，具有亲和力，容易加深观众印象。
6. 象征性：能象征文化的传承，吉祥物的象征意义应当超越吉祥物本身。

第四节　标准色的构成与设计

VIS的色彩设计构成主要由标准色与辅助色两个部分组成。

一、标准色

VIS系统中的标准色，一般是指标志的构成颜色，即在标志设计中所使用的颜色。标准色是用来表明企业与众不同的重要视觉记号。

色彩要远远胜过图与文对人心理的影响，色彩具有强烈的感性识别性能。在现实生活中，当观众不能正确地识读出品牌名称或描绘出品牌形态时，就一定能说出它的颜色来，这就说明了色彩的表现力是非常强的（图3-66）。

标准色的确定要经过层层推理，不能从色卡中任

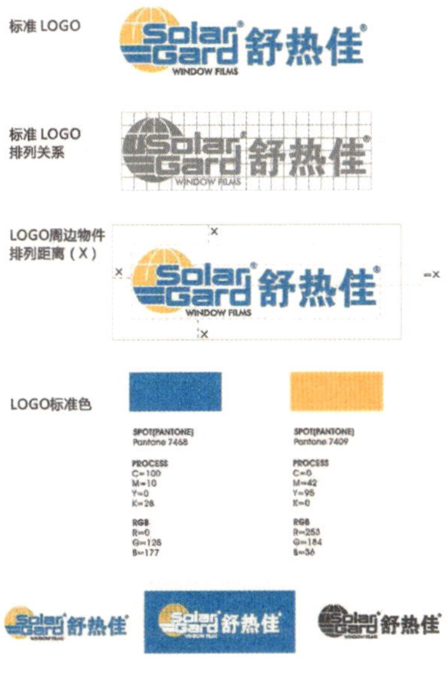

（a）

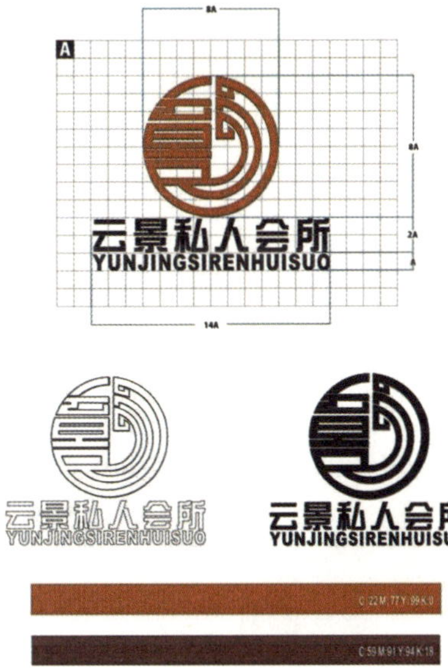

（b）

图3-66（a）：天蓝色代表医疗科技，中黄色代表太阳与希望，两种标准色组合在一起，给这个医疗企业品牌带来了精准定位。

图3-66（b）：棕色与褐色比较沉稳，用在私人会所的企业形象设计中，给人正统、权威的视觉感受。

图3-66　企业标准色

意挑选，标准色要能从企业发展理念中寻找根源，同时对现有色卡中的颜色品种进行调整。尤其是不少品牌企业，对色彩的定位要非常精准，一旦形成了色彩系统中的主角，后期在各类应用设计中会广泛、重复地出现，并给企业带来不可磨灭的色彩效应。

企业标准色一般为2~3种颜色，不宜超过4种，在制定标准色时需要把握以下设计原则：

（1）能精准地象征企业或产品。

（2）能在同类竞品中快速识别。

（3）精准定位受众群体，符合消费者的心理感受。

（4）与其他各种设计元素能和谐统一。

（5）用色倾向单纯，色彩成分简单，从色卡中选色后要经过调整。

（6）色彩参数精准，参数末尾以0或5为主，方便识别与记忆。

二、辅助色

标准色数量较少，虽然这样能提升企业色彩的识别度与记忆率。但由于企业的实际发展状况十分复杂，经营项目多样广泛，仅仅依靠几种简单的标准色是无法适应激烈的商业竞争与产品线推广的，如广告营销、产品包装等多重设计项目。同时经历3~5年的沉淀后，企业会在某一个方向有较大发展，这时就需要打破单调、乏味的视觉色彩规划，需要扩充企业与品牌用色，因此，在设计之初就要适当引入辅助色（图3-67）。

标准色与辅助色二者相加，才能共同构建出企业和品牌完整的识别色系。辅助色能更丰富、立体、完整地表现出企业和品牌的所有精神内涵（图3-68、图3-69）。

图3-67（a）：选用黑色与三种不同明度的蓝色搭配，形成丰富的层次感，适用于多种环境下相互搭配。

图3-67（b）：在选用纯度较高的标准色的同时，不忘搭配深重的颜色，在任何环境下都能有良好的搭配效果，让多种颜色之间形成对比。

图3-68：当标准色用于主体LOGO后，还需要另一个LOGO时，辅助色就能起到作用了，色彩对比相对较弱，但是其层次感还是比较完善的，这些都是辅助色起到的作用。

图3-69：辅助色在大多数情况下，以高明度、低纯度色彩为主，这样能弱化色彩强度，更好地衬托出标准色。

（a）

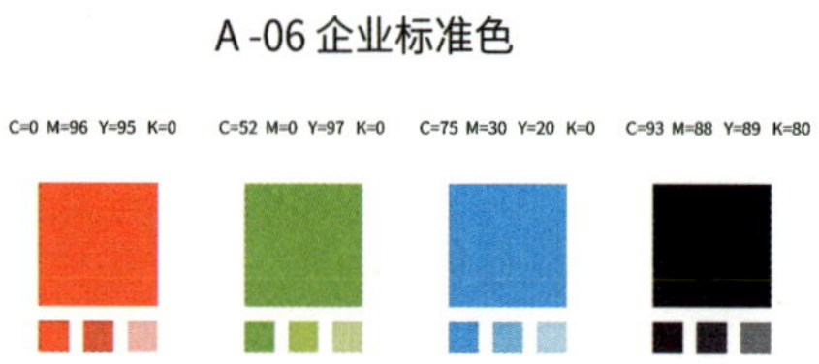

（b）

图3-67　企业标准色

图3-68　辅助色的运用

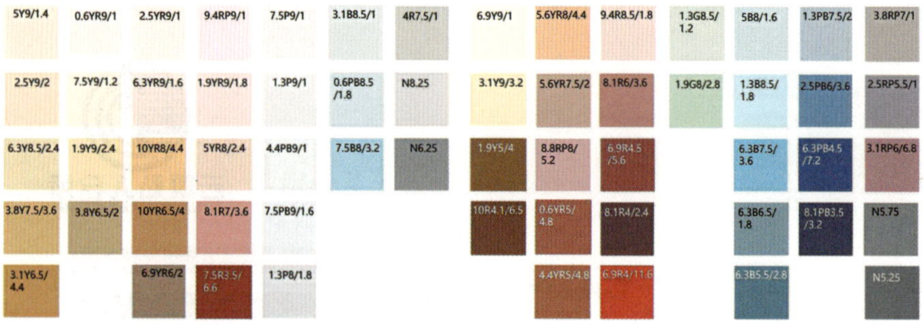

图3-69　辅助色规范

辅助色的数量一般没有具体限定，但也不能随机挑选，辅助色设计与选用应遵循以下原则：

（1）与标准色相协调，能起到帮助、烘托、丰富、美化标准色的作用，不能独立使用或存在。

（2）辅助色要保持与标准色的从属关系，使用面积要小，如果辅助色的面积比例超过了标准色，会使标准色识别率降低而导致观众的印象模糊，从而造成色彩混淆、视觉不佳的局面。

（3）根据企业与品牌的发展方向进行长远规划，从未来可能出现的发展趋势来选择色彩，可以分步骤、分批次来开发辅助色。

（4）将辅助色归属于企业和品牌整体色彩的计划中，严格规范使用方法（图3-70）。

标准色与辅助色在色相、明度、纯度的属性关系上要有归属感，即辅助色源于标准色，但又要区分于标准色，这样才能使其具有较高的视觉识别力和记忆力。在企业和品牌的长期发展过程中，会逐渐形成人们对色彩的共识，并赋予色彩情感与联想，使辅助色具有鲜活的生命力。

辅助色在企业形象设计中同样具有鲜明的符号识别作用。因此，企业形象色彩即企业的标准用色，企业在发展和竞争中可以运用辅助色来强化自身的竞争力，但主体还是要衬托企业与品牌的标准色。

很多企业长期不使用辅助色，并不代表企业没有辅助色，在细分门类中还是随时展示辅助色，体现出它的存在价值。

企业标准色与辅助色的设定目的是将企业理念与精神内涵通过色彩进行精准定位，通过色彩的视觉强化功能推进企业与品牌的竞争力（图3-71、图3-72）。

三、标准色的设定原则

企业标准色的设定原则主要有以下方面：

（1）与企业整体形象、企业经营理念一致，充分体现企业文化的精神内涵，色彩选择应积极向上，可信度高。

（2）考虑不同观众与消费者的心理感受，符合

图3-70 创意辅助色

图3-70：辅助色的来源应有依据，如风景、自然物质材料等，颜色的取定源于自然，对企业和品牌的衬托更有帮助。

图3-71：在不采用辅助色的情况下，标准色的纯度应当提高，与黑色文字形成对比，同时，绿色的纯度也应当提高，保持醒目的色彩对比。

图3-72：如果在任何展示环境中，都没有辅助色的存在，则说明色彩具有历史感与权威性，色彩相对于企业和品牌而言，功能性作用较低，这是一种特例，在VIS设计中很少见，多用于具有影响力的品牌，而对于初次引入CIS设计的企业，最好还是完整设计出系统的标准色与辅助色。

中国邮政
POSTAL SAVINGS BANK OF CHINA

图3-71 中国邮政主色——绿色

PHILIPS

图3-72 飞利浦主色——蓝色

大多数人的审美观念。

（3）考虑色彩自身的特征和象征意义，要表达出观众对色彩的联想，表达企业的美好愿望。

（4）多方面权衡比较，特别注意定位群体的社会生活习俗和民族色彩禁忌，避免引起不必要的麻烦（图3-73、图3-74）。

四、标准色的运用

企业标准色彩的选择与运用要符合企业理念规划要求，从20世纪80年代起，全球就形成了企业标准色的设计潮流，同时，标志色彩多被设定为企业标准色。

标准色并不是单一的色彩，可以根据企业理念设计为多种颜色。其中，单色的记忆度高，识别性强，给人的印象深刻。选择色彩时应考虑明度适中或偏低的色彩，选择的色相应当醒目明确、纯度适宜。特别注意，明度过高的标准色不适宜在强光下识别，同时在夜间低光照度下识别率也很低。

对于采用两种或两种以上的色彩作为企业标准色，要注意组合搭配效果，虽然视觉感受丰富了，但容易引起杂乱无章的缺陷。标准色的熟练不宜超过两个，过多容易造成混乱，并且色彩定位不明确，不具备统一性，一般以2～3种为宜。多个标准色比单个标准色在形式上更丰富，在应用设计中表现方式也更灵活，在色彩搭配上应当设计成固定搭配模式，以增强观众对色彩的识别度（图3-75、图3-76）。

五、标准色的管理方法

企业标准色在设定之后，要求色彩在使用过程中不偏色，以达到设计与应用统一的效果。有效保护企业形象色彩不被其他企业盗用、侵权，一旦确定了企业的专有色彩，可以进行商标注册与色彩注册，在法律上将会得到有效保护。

在标准色的应用过程中，可以使用印刷表示法、专用色彩编号法、理论数值标注法等来限定色彩的参数。

图3-73　绿色系列VIS系统

图3-74　黄色系列VIS系统

图3-73：绿色的色彩明度较高，与白色底图搭配会显得苍白无力，为了提升色彩的丰富度，特意将绿色与黄色之间的渐变色引出，形成三角形体块，让原本苍白的版面设计变得更有立体感。

图3-74：橙色的视觉感受比较明亮、华丽、辉煌，可以搭配局部黑色来提升对比度，另外配合降低纯度的绿色来辅助，这些处理手法更能表现出标准色的亲和力。

（1）印刷表示法是最为常见的方法。在广告设计与宣传过程中可以借助色彩印刷媒介，输入色彩编号即可快速精准地得到标准色了。

（2）专用色彩编号法属于现代印刷工艺法，采用四色CMYK模式，标准色标示将CMYK四色数值写清即可。为增强版式设计感，可将色彩以色块的形式展示。专用色彩编号法一般针对油墨配色方法的权威认定标准。专用色彩编号法的代表是潘通（PANTONG）色卡，这已成为当今全球交流色彩信息的国际统一标准。它由色卡号和配方百分比组成，对每种色彩进行了编号。适用于建筑环境、车身喷涂广告等以油墨涂料为媒介的环境（图3-77）。

（3）理论数值标注法是根据蒙赛尔色卡中色彩的属性数值来指导标准色的精准数值，这种标注法一般运用在色彩精度高的媒介形式上，如显示器色彩调节，因此适用范围相对较小。

中国建设银行
China Construction Bank

中国建设银行
China Construction Bank

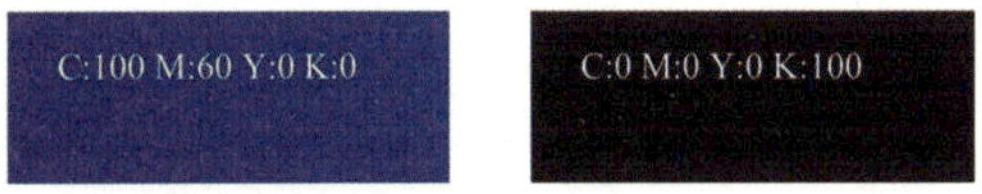

图3-75　建设银行的辅助色

五丰

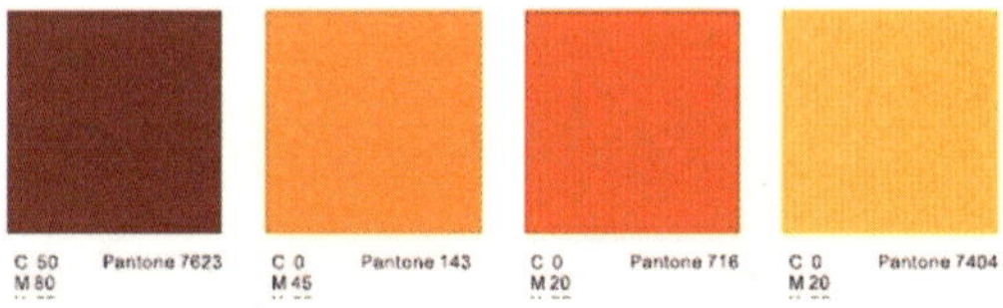

图3-76　餐饮商店的辅助色

图3-77　潘通（PANTONG）色环

图3-75：对于公众认知度较高的品牌形象，标准色可以设计得很少，色彩只是企业品牌推广的一部分，只要能区分同行就能完成设定目标。

图3-76：对于公众认知度较低的品牌形象，标准色可以设计得较多，通过丰富的色彩搭配来吸引消费者的目光，获得更大的市场认知度，提高市场销售效益。

图3-77：潘通（PANTONG）色环的最大优势在于每种颜色都进行了编号，而且是根据油墨印刷标准来设定的，排列具有规律性，适用面很广，是今天各个行业的首选配色标准。

本章小结

VIS设计是CIS设计的视觉重点，VIS手册、标准字、吉祥物、标准色等都是构建CIS系统的重要视觉元素。其中，标准字与标准色是核心，应根据企业发展理念精心设计，在设计过程中要与企业负责人深入沟通，进行多次且必要的修改，确定后再进行后期各项内容设计。VIS设计是企业和品牌竞争的视觉核心，确定设计方法与原则是本章的关键所在。

课后练习

1. 简单概括VIS设计的特点。
2. VIS的设计原则有哪几点？VIS设计的必要因素具体有哪些？
3. VIS手册制作必须遵循哪几个方面的原则？
4. VIS手册中的字体有哪些形式？分别有什么特点？
5. 图形标志和字体标志的特点有哪些？
6. 标准字体和美术字体的特点是什么？
7. 如何设计一个符合企业形象的吉祥物？
8. 一个成功的企业标志应具备哪些特点？
9. 结合课外的知识和模板，设计出一个代表自己名字的图标。
10. 设计一个图标，将图标的标准色用色块的方式标出来。

第四章

CIS应用系统设计

学习难度：★★★★☆
核心概念：环境、图形、创意

PPT 课件

章节导读

CIS应用系统设计是根据最初定下的标准来开发的，应遵循品牌的整体形象设定要求，避免出现与品牌风格不相关联的设计元素。CIS应用系统设计应避免刻板、单调的设计方案，不经过设计的图形直接放在应用载体上，会缺乏新意，并丧失识别力，导致品牌个性不鲜明。因此，企业与品牌的应用系统设计应基于标准LOGO的核心要素，从而不断拓展更多项目（图4-1）。

图4-1 CIS应用包装设计

图4-1：CIS应用系统中的包装设计是重要的组成部分，除了对标志设计与标准色运用外，还要考虑包装形式与选材用料，这些都要符合企业与产品的设计诉求。

第一节 环境指示导向系统

环境指示导向系统主要是指企业公共环境中的指示标识牌、道具设施等构造。这个环节的设计内容介于平面设计、工业设计、环境设计等学科的交叉领域。要同时具备这三个领域的设计经验才能完成。

落到实处就是要根据人对空间环境的认知进行设计，它可以让人更便捷有效地认清环境，来确定“我在哪里”“要去哪里”“该怎么去”。

环境指示导向系统是现代企业信息化发展的重要组成部分，它能大幅度提升企业名片形象，改善生产、办公环境。

一、主要设计内容

1. 户外指示招牌

户外指示招牌主要包括：出入口的指示牌、名称主要标识牌、门楣导向牌、落地灯箱、墙面灯箱、停车场指示牌、欢迎标语牌等（图4-2、图4-3）。

2. 室内指示招牌

室内指示招牌主要包括：楼层标识牌、方向指引标识牌、空间色彩导向牌、部门标牌、作业流程指示牌、玻璃隔断腰带等（图4-4、图4-5）。

3. 行政看板

行政看板主要包括：总体行政看板、分区行政看板（图4-6）。

4. 环境风格与外观

环境风格与外观主要包括：主体建筑风格与外观、室内空间装饰风格与外观（图4-7、图4-8）。

5. 公共道具设施

公共道具设施主要包括：布告栏、资料架、垃圾桶等（图4-9、图4-10）。

图4-2　入口指示牌

图4-3　户外指示牌

图4-4　玻璃隔断腰带

图4-5　职务牌

图4-2：超薄发光灯箱适用于采光较弱的室外环境中，虽然发光强度不高，但是相对于传统印刷图文信息，已经能充分表现出户外指示信息。

图4-3：无发光功能的户外指示牌多采用色彩对比强烈的涂料制作，选用任意一种颜色后可与白色搭配，形成对比。

图4-4：玻璃隔断中的腰带不一定采用雕刻文字来表现，采用企业标准图形也是不错的选择。

图4-5：职务牌中不一定需要强化企业LOGO，但可以增加少许装饰图形，搭配多层级板材综合体现出职务牌的层次感。

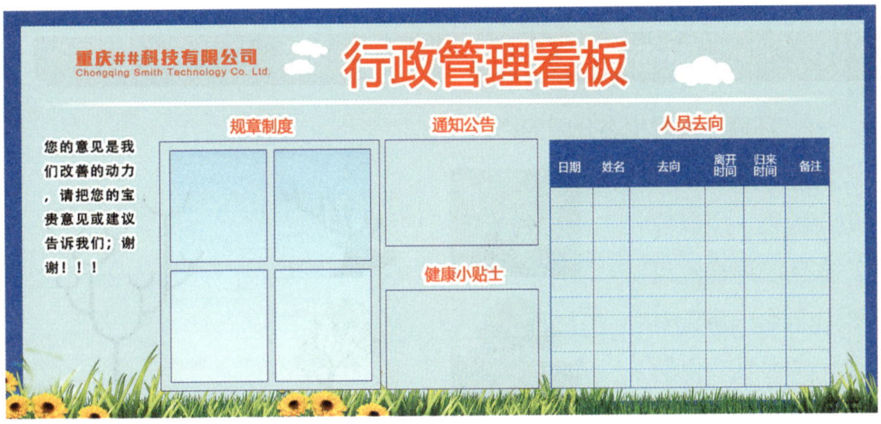

图4-6　行政管理看板

图4-7　大门设计

图4-8　厂房外观设计

图4-9　创意井盖涂鸦

图4-10　创意性垃圾桶

图4-6：行政看板是从事生产企业与大型企业必备的指示导线系统，版面分配应紧凑，具有很强的条理规划，版面中的视觉元素应纵横向对齐，保证识读快捷完整。

图4-7：大门设计要与整体建筑风格一致，大门构造尽量拉开距离，将简单的门体构造复杂化，甚至造型设计可以更加另类化，形成当地区域性地标，这对识别企业文化与理念具有积极作用。

图4-8：厂房外观的形态与企业生产经营方式及需求有关，但不绝对，大多数厂房在外观上可以运用特殊的板材或颜色来表达出与众不同的效果，如彩色涂层钢板。

图4-9：井盖涂鸦属于局部设计创意表现，在CIS设计中一般并无设计要求，但可以根据企业经营特性来整补，涂鸦材料为丙烯颜料或自动喷漆，每半年就需要重新涂刷或修改，能被企业灵活掌控。

图4-10：过于精美、形象的垃圾桶会让人降低扔垃圾的频率，但同时也不会让人到处乱扔垃圾，因此，具有创意的垃圾桶能起到美化环境的作用。

- 补充要点 -

环境导视对生态公园的影响

北京麋鹿苑建于1985年，曾为元、明、清三代皇家苑囿南海子的一部分，是我国第一座以散养方式为主的麋鹿自然保护区。在环境导视的设计方面，以自然生态为出发点,设计概念来源于对麋鹿形态和植物树木形态的概念元素提炼，以简练清晰的图形表达，融合了项目动植物特质。项目区域内有多个功能分区，设计以不同的色彩加以区分，同时又丰富了项目设计色彩的管理系统。设计以清晰、自然、生动的状态呈现在人们面前（图4-11）。

图4-11　北京麋鹿公园（侯锐淼）

图4-11：运用麋鹿的鹿角与树木枝杈进行综合变化，给地理地貌与使用方向做了精准定位，搭配多种鲜亮的色彩来强化表现生态公园的娱乐性与大众性。

二、设计原则

1. 多元融合设计

环境导视系统将各种立体化、空间化设计元素融为一体，不是简单地停留在平面设计这个阶段，而是要与导向牌设计保持同步，形成立体化造型设计，充分考虑环境与视觉形象存在的关联。将这些设计元素充分融合，形成设计独特的全新作品（图4-12）。

2. 利用材料塑造

选用材料就已经进入了设计方案的后期，考虑材料选择和工艺配合。设计配色与质感选择结合起来，共同传递企业视觉识别信息。

例如，建筑外立面的标志需要综合考虑白天与夜晚的观看效果，如果只考虑夜晚灯光下美轮美奂的颜色，而忽略了白天的效果，就会致使在白天不具备较强的识别度。同样，企业入口处的背景墙，除了要考虑墙上的标志和企业名称组合效果外，还要设计出背景墙的造型、材料、灯光，背景墙的设计应与企业室内办公环境的装修风格相对应，这就必须熟悉各种装饰材料与施工工艺（图4-13）。

图4-12　立体造型设计

图4-12：环境导视系统最初为二维平面化设计，容易让人感到视觉疲劳，可以考虑采用立体化设计语言来强化视觉效果。立体造型的内容可以是文字和标志图形，也可以是没有任何关联的几何图形，但经过组合与配色后就能看出设计与中心思想的联系了。

3. 具有良好的指示性

公共导视系统设计应具备良好的指示性，往往视觉效果不错，但指示性不明确会导致设计内容的缺失，这是目前在设计中普遍存在的问题。

例如，在行人较多的马路路口，没有提醒车辆注意前方行人的标识牌，就会有很多司机在经过时不采取减速措施，导致发生交通事故；在公共游泳池的深水区，没有设置深水区水线标尺和请勿戏水的警示牌，对水性不好的游泳者和儿童将是非常危险的（图4-14）。

4. 信息识别性弱

图形信息符号应用不规范，是导致信息识别性不强的主要原因，这也是导视系统设计中常见的问题。例如，在一些大型公共场所的楼道贴有火警疏散图，表示安全出口的图形和疏散方向箭头本应采用绿色，结果全部采用的是表示禁止的红色，起到了相反的作用，成为限制性标识。

我国有一整套与国际接轨的公共信息图形符号标准，如红色表示禁止，蓝色表示指令，黄色表示警告，绿色表示提示和导向。这些颜色不能混淆使用。没有警告含义不允许使用黄色，没有禁止、停止和消防含义的图形符号不允许使用红色。实际上导向标识往往比提示标识更重要（图4-15、图4-16）。

图4-13　企业背景墙

图4-14　警示牌

图4-15　安全通道指示图标

图4-16　禁止使用手机图标

图4-13：大多数墙面造型会采用铝塑板，这种材料表面平整度高，可选色彩丰富，能轻松粘贴各种文字、图形，保洁和耐用性较好，适用于室内外各类墙面装饰设计与制作。

图4-14：黄色与黑色搭配是最醒目的，尤其用于印刷工艺中，醒目效果比电子屏幕还好，特别适合企业园区内公共交通道路上的公共导视系统。

图4-15：虽然绿色箭头与黑色的对比度不高，但绿色会给人带来安全感，比红色、黄色的紧张度要低，适用于缓解人心情的安全通道指示图标。

图4-16：禁止图标具有命令性，能快速引导人停止某些活动，值得注意的是，其中的黑色图形应表现讲解、完整，能快速被人识别。

第二节　字体与图形标志的联系

企业标志

标志（LOGO）是一种可以用来识别的符号。经过人类文明千百年的演变与转化，图腾、徽志、符号、纹样作为信息载体，逐渐演变成一种视觉语言，与人们的精神与物质生活紧密关联。

企业标志是企业视觉识别系统的核心，传达了企业理念，是企业精神的传播媒介。标志采用非语言形式承载着企业管理者对企业前途的憧憬。现代企业快速发展使企业标志成为品牌与产品营销中不可或缺的视觉形象。优秀的企业标志设计为企业形象树立与拓展搭建了良好的平台。企业标志转化为品牌也成了企业增值的无形资产（图4-17）。

1. 企业标志设计原则

企业标志是采用抽象视觉符号来概括企业理念，在这个符号中，通过图形、色彩、文字相互穿插组合，可形成有效且能传递信息的图形符号，具有很强的商业价值（图4-18、图4-19）。

2. 标志设计元素

标志设计元素可以分成图形标志和文字标志。

（1）图形标志。是利用图形自身跨语言、跨国界的优势，强化了图形的共识性特征。具象图形的表

图4-17：企业标志的设计方向是没有限定的，可以从多个方向来思考，如人物形态、器物形态等，表现出的内容也可以丰富多样，主要核心思想在于是否能达到企业对CIS设计的根本诉求，即企业决策者对标志设计的认同。要达到这一点，还是应当从现有的市场状况调研入手，因为企业决策者引入CIS设计的目的还是为了提升销售效果。因此，市场上成熟且能够被消费者接受的创意源才是设计师首先应当考虑的内容。

图4-18：文字与图形同时呈现在标志设计中，要注重主次，有权威认证的商标头衔，很显然要高于产品品牌，因此应当放在比较醒目的位置。

图4-19：首先是对水果进行分色设计，红与绿都引入进来形成强烈的对比，其后将水果图形缩小后置入文字笔画中，形成置换效果，让文字与图形既能分开使用，又能组合使用，满足多种场合下应用。

（a）　（b）

图4-17　企业图标

图4-18　回力运动鞋图标

图4-19　水果店铺图标

现方式是用夸张、拟人等手法来表现设计对象。而抽象图形一般是由点、线、面、体等基础元素构成，与具象图形相比，抽象图形表现更加多元化，理性的几何形与感性的自由形综合在一起，能创造出多种新颖独特的标志（图4-20）。

如果一件图形标志设计作品没有基础概念作指导，那么设计出来的形体往往流于形式，无法准确传达企业理念。因此，要设计一件优秀的标志，首先要准确地利用设计概念来获取创意源，突破各种限制设计的因素。

标志设计时应注意以下原则：

（1）准确提取并熟悉概念，主要可以从企业理念、行业特点、地域特征等角度打开思维。

（2）把握概念的完整性，综合考虑企业与品牌的特点、消费者喜好、企业未来规划设想等。

（3）对标志形态把握精准，并考虑色彩与质感。

（4）不断在形式美法则上调整，体现美感，提升标志设计的品质感。

标志设计创意过程：收集信息→获得概念→设计草图→提炼形态→色彩搭配→质感特效（图4-21、图4-22）。

（5）字形标志。通常在文字中提取纯字体结构再进行设计，字形变化较为丰富且含蓄，往往不对字体做任何修饰，色彩比较单一，风格简约，甚至偏中性化。字形标志的修饰技法很多，如用纹理进行装饰，或对字形结构进行变形，或利用套色来突显结构等。在最初的CIS形象设计中，大多数设计者都会将文字修饰作为主要创意方向。文字标志的表意性更快捷，具有所见即所得的特点，能让观众通过标志中的文字，准确、快速地了解企业和产品特征，进而提高市场效益（图4-23）。

图4-20　标志设计的图标

图4-21　红十字会标志

图4-22　海豚公园标志

图4-23　各种文字图标

图4-20：将文字转换成图形，强化表现图形可以在外围增加围合轮廓，让原本单一的文字瞬间变成醒目的图形。

图4-21：在红十字外围增加的橄榄叶，强化了红十字造型的突出感，环绕成型的标志整体感要比单纯的红十字更稳重。

图4-22：三个海豚的正形环绕而成，在视觉上衬托出三个海豚的负形，这样一来在标志中形成了六个海豚形态，表现出海豚公园拥有的海豚数量有保证。

图4-23：字形标志是以文字为原型进行设计变化的，其手法多，视觉形象的识别率高，适用于商业推广宣传，在CIS设计中可以有选择地设计部分字形标志供企业决策者选择。

3. 标准字体设计

标准字体是企业形象识别系统的三大要素之一，它需要与标志相组合来设计，具有明确的表意性，能强化企业形象与品牌的传播力。经过精心设计的标准字体与普通印刷字体的差异是很大的，除了外观造型不同，更重要的是它能根据企业和品牌的个性进行设计，对笔画的形态、粗细、字间距进行统一造型变化等，对设计中的各项细节做了细致严谨的规划。标准字体设计与常用印刷字体相比，更具识别性，与标志设计的搭配效果更好。

（1）标准字体设计原则。标准字体设计基本属于规范字体设计的范畴，需要具有良好的阅读性，字体风格表现点到为止，不宜有过分修饰，要确保信息传达准确无误（图4-24、图4-25）。

（2）标准字的造型设计要表现出独特风格。如细线构成的字体会让人联想到精致的工业产品或化妆品，圆滑的字体易让人联想到糖果等食品（图4-26、图4-27）。

4. 标志的标准制图

标志在创意设计完成后，必须进行严格且精准的制图，同时这也指定了统一的使用规范。

传统的标志制图包括方格坐标图、尺寸比例图等形式，在图中要表现弧度角度、坐标等。这些制图与标注的方法应用很广，适用于后期人工制作标志实物。20世纪90年代以前，户外广告牌制作主要是人工手绘，因此，在没有计算机制图的情况下，要将标志精准地绘制到大型户外广告牌上，方格坐标制图、尺寸比例制图等方法发挥了重要作用。

现在，标志制作技术不断改良，制作精准度、画面尺寸、工艺难度等问题都得以解决，手工操作绘制变为多媒体定位、喷绘，人工制图已很少使用。

但在计算机图形绘制过程中，仍需要标准制图，标准制图能被打印机、复印机等设备精确放大，矢量图文件可以应用雕刻机、喷绘机直接输出为半成品进

图4-24：对标志设计中的文字进行独立设计，设计数量较多，除标志外，还对所有企业使用的文字进行设计，或对部分中文字进行设计，工作量较大，适用于有影响力诉求的企业。

图4-25：标准文字设计一般会在现有文字的基础上进行一定程度的修改调整，但不会有太大变化。

图4-26：文字结构设计完毕后要进行组合，组合后的效果需要进行深度调节才能达到良好的视觉效果。

图4-27：对英文字母设计相对简单，统计大小写只有52种字形，因此，在变化上可以十分丰富。

图4-24　茶水吧的字体设计

图4-25　手绘工作室的字体设计

图4-26　化妆品标志

图4-27　零食标志

行组装。尤其是室外大型立体标志制作，或应用特殊材料制作的标志，标准制图是确实有效且不可替代的（图4-28、图4-29）。

5. 标志使用规范

标志在使用时可以无限放大，但在缩小时却不能无限缩小，缩小的标志会导致图形、文字识别不清。因此，标志缩小应用应有一定限度，需要对应用环境有预先设计，应根据真实的使用环境对标志进行缩小。例如，徽章是目前标志设计中普遍认为最小的实物承载媒介了，徽章的直径一般为40mm，人眼在1m距离上能清晰识别图文信息（图4-30）。

标志在环境空间中的使用规范也很严格，这也是对标志设计保护的应用方式。标志应用经常会与其他品牌同时出现在相同环境下，为了避免造成识别障碍，必须在两种不同的主题内容之间预留一定距离，使其各自具有相对独立的展示空间（图4-31）。

图4-28　方格坐标制图

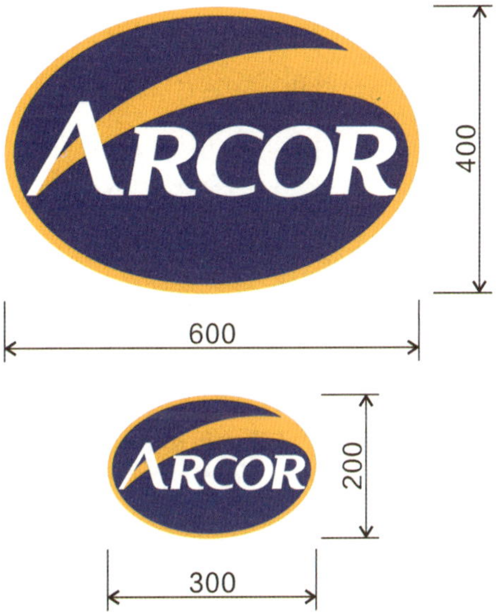

图4-29　尺寸比例制图

图4-30　企业徽章标志

图4-31　企业的广告栏

图4-28：方格坐标要与标志的边角轮廓在一定程度上对齐，不必完全对齐，但在主要边缘轮廓上要对齐，这样才能方便后期缩放用于实物制作。

图4-29：尺寸比例一般按整数比例缩放，尺寸数据的尾数应是0或5，方便在加工制作时读取、记忆。

图4-30：企业徽章制作的尺寸要预先定位精准，保持文字与图形的清晰度，不宜设计过小，否则图文信息无法识读。

图4-31：在广告栏上可设计2~3种图面版式，间隔分布排列，版面基调色彩具有一定对比，识读起来更明确。

- 补充要点 -

印刷字体选用

印刷字体可以直接从计算机字库中选用，对于设计师而言是最快捷的字体选用方式，在选用时应注意以下三点：

1. 一次性选用中文与英文两套字体，形成对应关系。例如，中文“黑体”对应“Arail”，“粗黑”对应“Arail Black”，“粗宋”对应“Times New Roman”等（图4-32）。

2. 从计算机字库中选出粗体、中粗体和细体。粗体主要用于标题与口号语，中粗体主要用于大标题和小标题，细体主要用于正文和注解。

3. 字体风格要与品牌设计对象的风格相匹配。

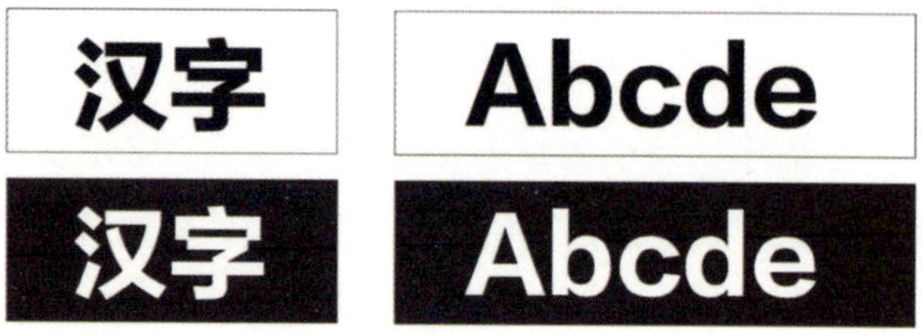

图4-32 计算机常用字体

图4-32：印刷字体一般选择计算机字库中存在的字体，在没有特殊要求时，不要选择特异的艺术字体作为印刷字体，否则会导致识读不明确，字体文件无法快捷共享，会导致设计、修改、应用多个环节不能统一。

第三节 交通工具的整体外观

现代交通工具品种很多，外观设计可以分为两类：一类是企业配备的各种通用车型，如轿车、商务车、客车、小货车等；另一类是运输企业配备的专用交通工具，如飞机、火车、地铁、船舶、大客车、摩托车、集装箱车、油罐车等（图4-33、图4-34）。

交通工具是很多企业的广告传播媒介，传播效果十分明显。特别是大型运输企业，交通工具的外观设计是自身品牌宣传的第一载体。如顺丰速运，其旗下的各类运输工具，大到飞机，小到电动车都形成了规模巨大的整体化包装（图4-35）。

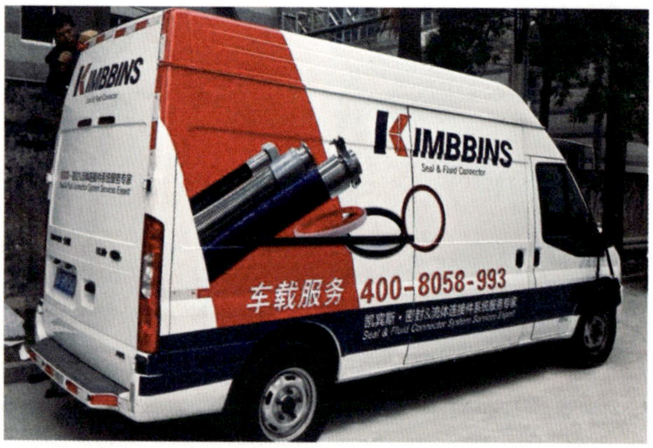

图4-33 厢式货车外观设计

图4-33：货车外观具有较大面积可用于图文设计，为了达到醒目的视觉效果，可以预先采用标准色覆盖局部或整体，再加入产品图文与企业名称，辅助搭配联系方式等信息。

图4-34　大型客车外观广告设计

图4-35　顺丰速运交通工具视觉设计

图4-34：大型客车的车厢表面面积虽然很大，但存在大面积玻璃窗，应当用好这些玻璃窗的形态轮廓，可以考虑运用半透网格喷绘布，局部遮挡玻璃，形成有机融合的视觉效果。

图4-35：大型物流企业对交通工具的视觉识别设计很重视，设计内容涵盖很广，在设计时不能对标志与标准字简单粗暴覆盖，应考虑交通工具的整体形态来独立设计。

第四节　企业员工服装规范

一、树立企业形象

企业制服是树立企业形象的基础展示媒介，对于企业员工的归属感、企业凝聚力、整体视觉效应等方面发挥着重要作用。统一规范的企业服饰能给消费者和客户带来管理严谨、作风规范的印象，从而使人们对企业产生好感与信任感（图4-36）。

二、提高企业凝聚力

统一服装能在心理上让企业员工具有归属感，让员工成为企业最有价值的资源，这种资源也是唯一会自我调控生产效率的资源。统一服装设计看似有一定的束缚力，但从长远来看，能让企业员工具有万众一心的精神信念。

无论哪个行业，在色彩搭配时尽量考虑中性色，只有中性色才具有更多细微变化，能让人快速识别且精准定位企业与品牌（图4-37）。

三、创造独特的企业文化

工作服在形象识别系统（CIS）中属于视觉识别（VIS），能反映出员工的精神风貌，体现企业的文化内涵。设计独特并有创意的工作服，还能体现企

图4-36　企业制服设计

（a）

（b）

图4-37　统一服装色彩（王巍）

图4-36：常规工作正装要预先选好款式，男、女装分开，色彩选择深浅对比，在款式细节上要有与众不同之处，大多数企业会委托专业的服装企业独立设计板型，再交给CIS设计师搭配颜色。对于休闲或非正式服装，前后LOGO设计的形态应有所区别。

图4-37：企业工作用服装的板型应当紧凑，这样会让员工的肢体行为具有规范性，可以对员工的行走、坐立等日常行为进行规范训练，如果服装款式过于宽松，会在思想上造成松懈，没有凝聚力。

业的核心价值观与企业人才的多元化。例如，深色调和保守的工作服能体现企业的稳健作风，在色彩和款式上大胆设计，能体现出企业的创新精神（图4-38、图4-39）。

四、规范员工行为

统一设计服装后，能对企业员工的外在形象进行统一要求，主要分为服装、发型、化妆、配件等方面。这些细节能规范员工的日常行为，无论上班还是下班，员工只要穿上了工作服，就会马上意识到自己已经进入工作状态，自己的行为与企业相关。

1. 行为一致

行为一致是指企业员工的行为规范与企业理念保持一致。行为规范要与企业现有各项规章制度保持一致，员工行为不能与企业制度相矛盾。

坚持行为一致是员工行为规范的根本体现，通过服装来规范容易被员工认同和自觉遵守，有利于形成企业文化，塑造和谐统一的企业视觉形象（图4-40、图4-41）。

图4-38　餐饮行业服装

图4-39　创意设计工作服

图4-40　酒店服务人员服装

图4-41　日系厨师服装

图4-38：餐饮行业除了基本服装外，还要设计围裙等配套，图案、色彩、造型都要统一设计，上浅下深，具有耐久性，长时间穿着不显脏，配色采取浅、中、深三个层次来表现。

图4-39：如果要对服装注入创意，可以考虑设计特有的图形与文字，按超乎常规的形式来填充服装板型表面，同时也要注重强化色彩对比。

图4-40：酒店服务人员的仪态水平要高于服装，但服装能完美衬托人的仪态，在服装设计时应将装饰造型集中在某一个局部，如纽扣与胸花，让消费者的视觉目光能集中。

图4-41：厨师的服装尽量沉稳低调，这样会更耐磨损与污垢，同时要保持仪态统一。

2. 具有针对性

针对性是指员工的行为规范程度要从企业实际出发，以便能对良好的行为习惯产生强化作用，对不良行为习惯产生约束作用，提高员工的综合素养。

在服装设计上要体现明确的针对性，应从服装款式入手，尽量选择塑身造型的服装，在从事体力劳动的工作岗位服装更要设计紧致，这样能让员工在工作时方便施展手脚。同时，较紧身的服装会彰显身体仪态，可以在统一服装的基础上，对员工仪表举止进行训练与培养（图4-42）。

图4-42　生产工作者服装（王巍）

图4-42：从事生产行业的服装尽量低调，在标志与标准色设计上可以拉开对比，玫红色标志与灰色、蓝色工作服形成对比，具有强烈的可识别性。

第五节　企业包装设计风格化

现在包装设计不仅用于保护、美化产品，也是一种强有力的品牌营销推广手段，只有拥有良好的包装设计，才有机会在激烈的市场竞争中脱颖而出（图4-43、图4-44）。

图4-43　办公用品包装设计

图4-44　零食包装设计

图4-43：在CIS设计指导下的包装要突出风格是很难的，不要强调某一个历史时期的风格，风格与市场定位为主要参考即可，在常规的几何形上进行变化都能达到良好的风格倾向。

图4-44：包装正面的实物图像逐渐转化为文字与色块相搭配的图形，透明壳体包装显露实物，这是对产品质量自信的表现。

一、现代包装设计趋势

现代包装设计更注重人性化设计，既要有绿色包装设计，还要有突出产品个性化的视觉形象设计。现代包装设计的发展趋势是不断创新的（图4-45、图4-46）。

1. 包装在视觉设计上充满新意

创新是设计进步、求新求变的原动力。包装设计作品需要表现出个性化美感，这样才能使包装设计作品具有独特的创新力（图4-47、图4-48）。

2. 注重可持续发展

目前，很多产品进行过度包装，如月饼包装等。在CIS设计中，绿色环保一直都是企业的发展理念之一，包装材料应能重复利用，制作工艺应简单明

图4-45 现代包装

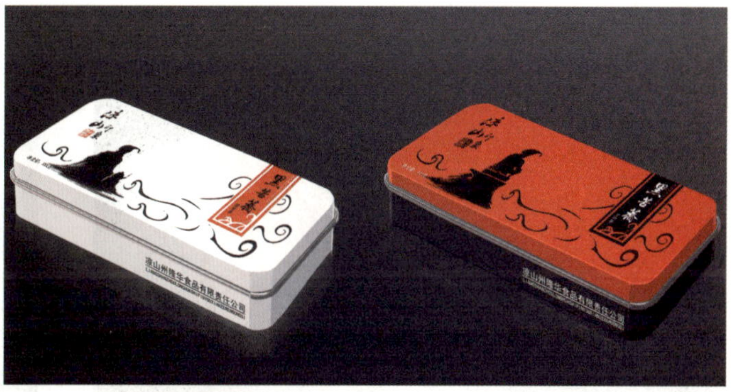

图4-46 创意铁盒包装

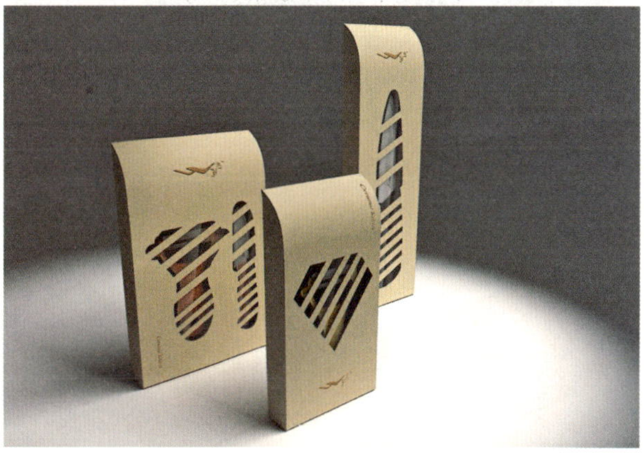

图4-47 刀具的包装

图4-48 T恤包装盒

图4-45：现代包装的最大特征就是走小清新路线，比较符合目前的消费主流人群，当大家被琳琅满目的商品充斥眼球的时候，小清新能净化消费者的视觉灵魂，因此，简洁的包装、孤立的文字、淡雅的色彩是现代包装设计的主流。

图4-46：铁盒能提升产品的档次，即使产品本身的价值不高，铁盒也能更好地保护产品，提升消费者的体验感。

图4-47：一改刀具给人带来的生硬的视觉形象，为了保护刀具不被磨损，同时也为保护消费者不被伤害，采用全封闭造型包装，仅仅预留刀具形态开孔，给消费者识别产品形态。

图4-48：将服装的包装设计成食品包装，一改传统产品包装的概念，让消费者具有强烈的新奇感。

了（图4-49、图4-50）。

3. 个性化包装设计

很多产品在设计包装上追求形式与材料上的简约，在创意上不断注入新思维，给消费者带来乐趣并提高了他们的消费欲望。在视觉设计层面，主要强调图形设计内容应当充实饱满，从而跟上现代审美文化潮流（图4-51、图4-52）。

4. 品牌字体设计

品牌字体设计是包装中较为重要的组成部分，通常被设计在包装表面最醒目的位置，字体设计最具有个性，同时也树立了产品和企业形象的重要元素。

产品包装上的简介属于规定性文字，内容应当包括：产品的具体描述、配料信息、生产日期、保质期、批准文号、生产企业名称和地址、注意事项等。这些文字设计简单明了，要采用国家规范字体，排版时要注意整体感，以吸引消费者的注意力，传递品牌信息，强化品牌识别，便于消费者阅读和理解（图4-53）。

产品包装字体设计需要传递出消费情感，来吸引各种潜在消费者的关注。在设计过程中，应有意识地调动字体所存在的意义，不同字体具有不同的个性，也会给消费者带来不同感受（图4-54、图4-55）。

5. 展示多信息内容

产品包装上的文字信息要有明确的层次感，设计

图4-49 中秋月饼盒

图4-50 简约的饭盒包装

图4-51 个性化色彩设计

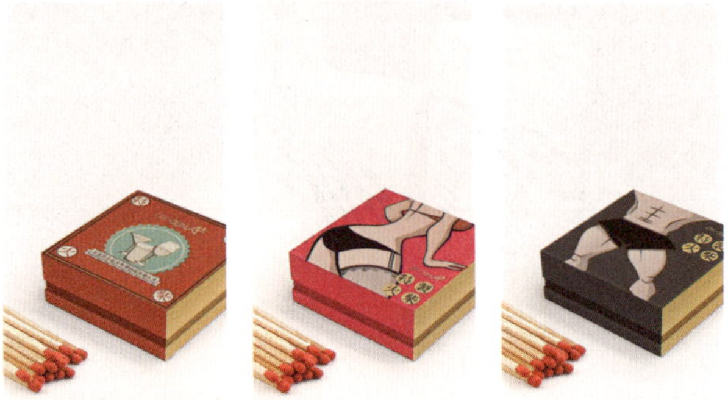

图4-52 个性化图形设计

图4-49：月饼包装一直被认为是过度包装，造成大量资源浪费，因此，外表华丽、内部简约是今后月饼包装的发展潮流。

图4-50：饭盒包装的形态借用了中国传统餐具食盒的造型，具有很强的设计依据，符合现代人对传统文化的欣赏。

图4-51：走娱乐路线是个性化包装的一种流行趋势，主要通过强烈的色彩对比与夸张的附加造型来体现个性。

图4-52：走轻浮路线也是个性化包装的一种流行趋势，在图形设计上要把控好度，避免陷入庸俗和恶俗。

师要掌握这些文字的编排规律。包装上的信息流程是视线随着各种元素空间，沿着一定轨迹运动的过程。

首先要了解包装中的文字信息等级，精心设计品牌名称，将产品说明、品种类型、电话地址等文字内容逐个编排。利用视觉规律，诱导消费者的视觉中心，有序组织编排要素，使消费者清晰、流畅、迅速地获取信息（图4-56）。

图4-53 字体创意设计

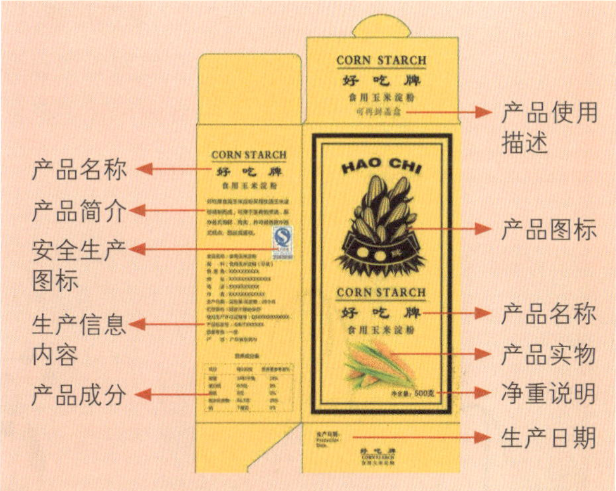

图4-54 信息完整

图4-55 瓶子上的花体字

图4-56 工业产品包装

图4-53：在字体设计中对部分文字或结构进行移植，采用与设计对象相关的实物来取代，搭配汉语拼音，给字体设计带来轻松诙谐的视觉感受。

图4-54：字体设计存在的功能是如实记录包装信息，在包装外部应完整包含各种产品信息，供消费者阅读识别，保障消费者权益。

图4-55：花体字是一种巴洛克风格的字体，典型的花体字风格是文字笔画都被加长且修饰得相当华丽，具有较强的装饰性，可以体现出优雅和浪漫的感觉，如果将这个字体印刷在葡萄酒酒瓶上和各种杯子上，更是将这种感觉体现得淋漓尽致。

图4-56：工业产品的规格型号较多，在包装表面加注多种信息会显得很臃肿，同时也会干扰消费者的选购与识读，因此，在整体CIS设计指导下，仍然要以主体图形、标准字为核心进行设计，工业产品的视觉冲击力从强烈的色彩对比和浅色底纹衬托上体现出来。

二、图形设计

1. 包装图形设计

对产品视觉形象进行拍摄，对其中各种有效信息进行组织，清晰表达出具体内容，形成完整的图形与语言搭配。图形与语言能够跨越地域界限、语言障碍，让设计师、企业与消费者建立沟通联系（图4-57）。

2. 装饰形象

在包装设计过程中，为了使包装产生极强的形式感，可以选用抽象且有吉祥寓意的视觉形象，这在中国特色的包装设计中是最常见的手法（图4-58、图4-59）。

图4-57　手提袋上的创意图形

图4-58　装饰性包装

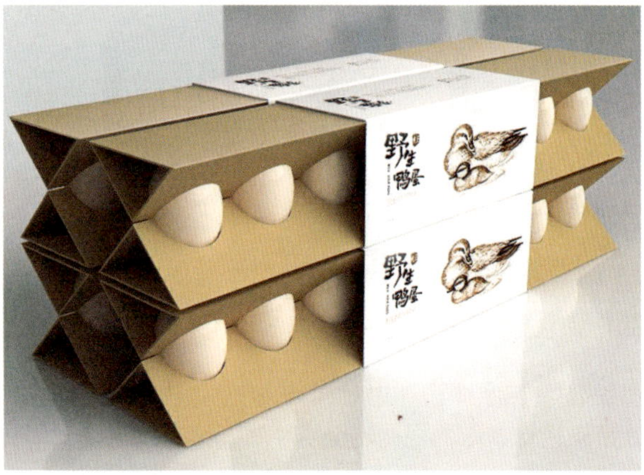

图4-59　个性包装

图4-57：包装袋的形态比较单一，在图形设计过程中要注意凸显个性，可以设计内容烦琐，形象多元化的图形，也可以采取手绘的形式对手提袋表面进行复杂化处理，总之，能让消费者感受到新奇独特的一面即可达到完美。

图4-58：装饰图形应具有寓意，表现出美好的一面，如单身男女青年，结婚后相濡以沫直至往年，表现出现代人对爱情的执着追求。

图4-59：将野鸭用国画形式表现出来，局部点缀在包装中腰部位，形成集中的视觉效应，将野生鸭蛋实物与国画图片结合在一起，完美表现出产品的真实性。

－补充要点－

CIS中的包装设计要素

1. 明确设计主题

抓住产品特点，促使消费者根据特点来选择产品。要对产品特点进行分析，抓住具有与众不同的特点，再对这些特点进行设计（图4-60）。

2. 选择表现重点

强化表现产品自身值得宣传的局部。通过消费者对产品实际使用效果的回馈，突出产品的价值。利用与产品没有直接关系的画面来提高产品身价，产生美好联想。

3. 明确产品信息

强化说明文字、商标、插图、公司名称、色彩与质感。设计出简洁单纯的视觉效果，有针对性。

图4-60　包装的展开图

图4-60：包装盒展开后，能清晰发现图文结合的要点所在，所有设计元素均可一览无余，色彩、文字、图形均与CIS设计指导思想一致。该产品为餐厨用具——肉耙，图形搭配与文字编排表现出稳重的视觉效果，虽然搭配食物图片，但并没有强化食物品种，同时也反映了这种餐具的通用性。

三、包装设计三要素

包装设计是指选用合适的包装材料，巧妙运用各种技术手段，为包装产品进行容器造型和美化装饰设计，包装设计三要素指的是外形 、构图和材料（图4-61、图4-62）。

1. 外形

外形是指将产品包装的表面，包括包装设计面的大小、尺寸、形状。常见的形态有自然形态、人造形态和偶发形态3种。在设计过程中，可以将产品的规律性元素提取出来，再进行深入设计（图4-63）。

2. 构图

构图是将产品包装设计面中的商标、图形、文字和色彩组合排列在一起，形成完整的画面，这些画面的组合能构成完整的包装设计。只需要将商标、图形、文字、色彩四者紧密结合运用，就能达到理想的效果（图4-64）。

图4-61：圆柱外形不方便拿取，但可以在其外部继续设计一层方形包装，便于保存、运输。

图4-62：长方形包装用于普通产品会显得比较僵硬，可以在顶部设计收口造型，拿取更轻松。

图4-63：方正的外形具有庄重感，适用于任何产品，但要达到与众不同的效果，就需要在各边长尺寸上仔细推敲，找到黄金比例。

图4-64：如果包装的表面面积较大，就要严格控制构图，不宜将表面面积填充较满，可以借用海报招贴的设计构图来表现，以图文均衡的形式为佳。

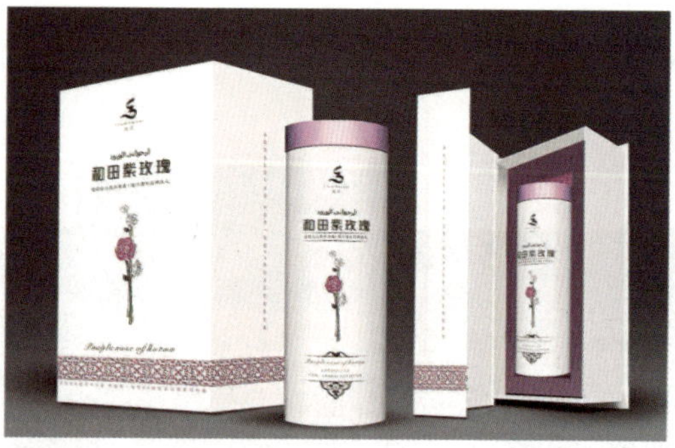

图4-61　圆柱形纸盒包装

图4-62　长方形纸盒包装

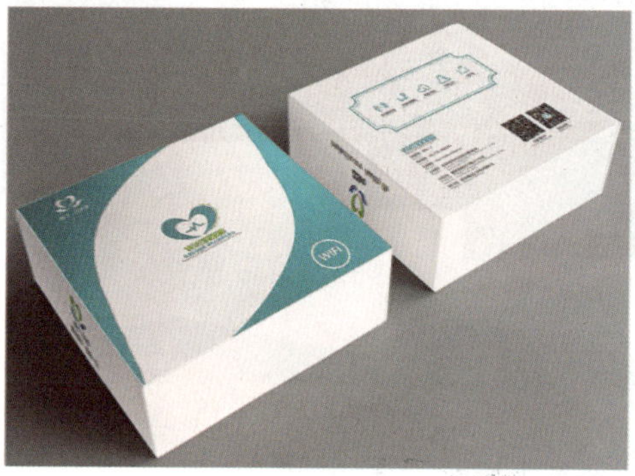

（a）

（b）

图4-63　方形包装设计

（a）

（b）

图4-64　包装设计的构图

3. 材料

材料能表现出产品包装的纹理和质感，直接影响产品包装的视觉效果。通过选用不同材料来营造不同的肌理质感，表现出产品独特的包装效果。

包装用材料品种较多，主要有纸、塑料、金属、陶瓷、竹木及其他复合材料，这些材料的质地和肌理不同。运用这些材料进行组合，可给消费者带来新奇的视觉感受。材料是包装设计的重要因素，它直接关系到包装的视觉效果、经济成本、生产加工、回收处理等（图4-65）。

（a）

（b）

图4-65（a）：光洁的包装材料适用于快消品，在短期内保持包装表面的光鲜度，但不宜长期使用。

图4-65（b）：雅致粗糙的包装材料适用于高附加值产品，是高贵产品的象征。

图4-65　包装设计的材料选择

– 补充要点 –

包装设计中商标设计

商标是一种符号，商标的特点由功能、形式决定。它要将丰富的内容以简洁、概括的方式在相对较小的空间中表现出来。商标可分为文字商标、图形商标、图文混合商标三种形式。优秀的商标设计应该是创意与表现的有机结合物（图4-66）。

图4-66　个性商标设计

图4-66：个性化商标的设计形式很多，以图形为主的形式比较常用，注入传统元素与人的形象更容易引发消费者的共鸣。

本章小结

本章介绍了CIS设计中的应用环节，将标志、标准字、标准色等设计元素融入视觉设计的各个环节中去，逐一讲解了这些元素的设计方法与原则，列出的案例均具有代表性。在设计实践中，不能简单地将基础设计元素生搬硬套，应根据企业与产品特征另行设计，虽然要与基础设计元素挂钩，但不必完全照搬，否则就失去了CIS设计的意义，容易误入歧途，而走向单调枯燥。

课后练习

1. 环境指示导向在CIS中起到了哪些作用?
2. 环境指示导向系统的设计原则有哪些?
3. 一个完美的企业标志需要具备哪些元素?
4. 标志制图的方法主要有哪些?
5. 企业员工的服装对整个企业文化有哪些重要作用?
6. 包装设计还有哪些风格? 这些风格化的包装对企业有什么样的影响?
7. 简要概述CIS在包装设计中需要注意的要素。
8. 结合在网上查找的资料，请简单叙述现代企业包装设计在CIS中起到什么作用。
9. 结合自己对包装设计的理解设计一个有创意的包装展开图。

第五章

CIS设计案例解析

PPT 课件

学习难度：★★★★☆
核心概念：品牌、解析、标志应用

章节导读

CIS设计中的应用环节覆盖面比较广，是将基础部分严格规定的标志、色彩、字体及组合方式，应用于企业推广或产品服务中，使品牌、产品、服务要素得以统一再现。CIS应用设计的类别主要有企业类、产品类、环境类等。在具体操作时不能简单套用模板，应从实际出发，按企业或品牌的实际需要来设计，遵循实用性原则（图5-1）。

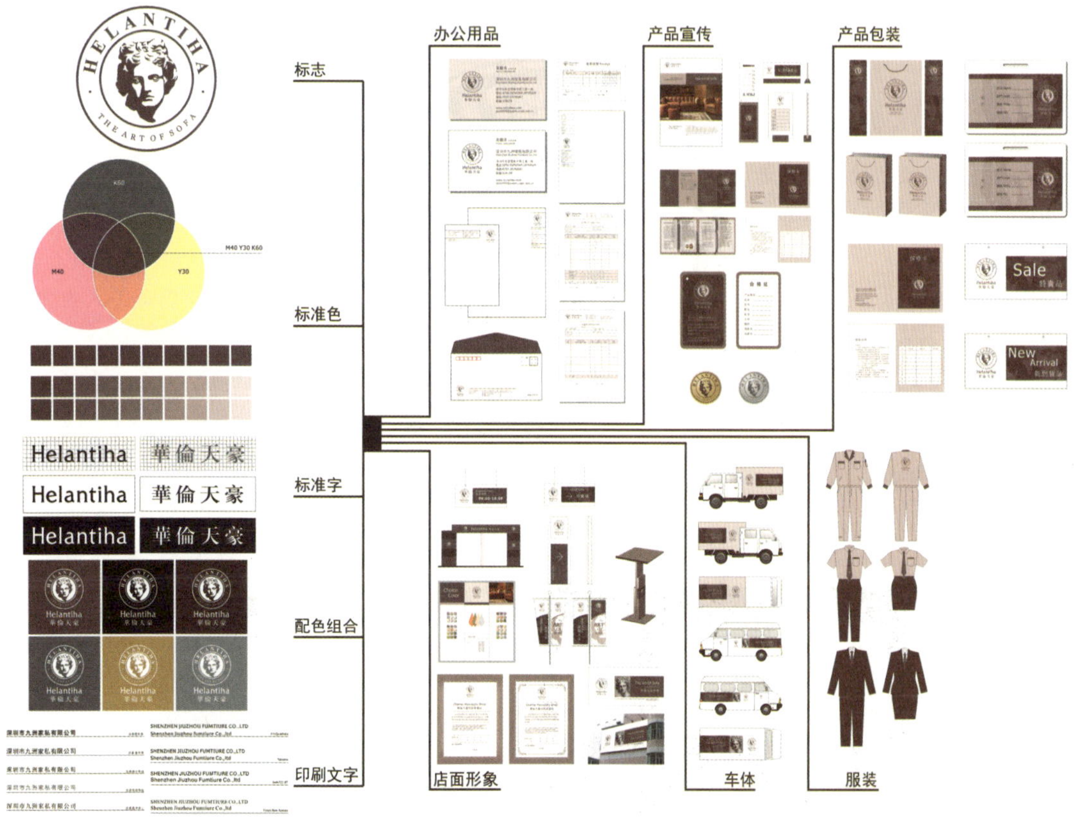

图5-1　CIS设计的完整体系

图5-1：CIS设计类别多样，但要根据企业需要来定向设计。

第一节　国外CIS设计解析

一、星巴克CIS设计

星巴克是美国的大型咖啡连锁公司，1971年在美国的华盛顿西雅图市区开了第一家咖啡店，除了咖啡之外，星巴克还出售茶、蛋糕等食品。目前，星巴克在中国已经开了近1300家分店，店内产品线比较丰富，在CIS设计引入中覆盖的面很广（图5-2~图5-6）。

星巴克很好地揣摩了中国汉字文化，通过同音字来表达广告语义。

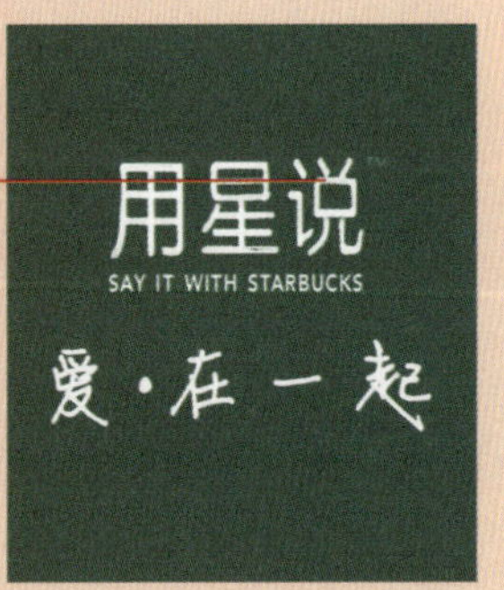

图5-2　星巴克广告设计

虽然星巴克的标准色是绿色，但店面室内外的装修格调仍然是咖啡色，这与绿色在色相上形成了对比。

图5-3　星巴克店面设计

星巴克的名字出自美国著名作家梅尔维尔的代表作《白鲸》，作品里有个副官叫Starbuck，他特别爱喝咖啡。因此，取名星巴克，让人能联想到这名叫Starbuck的副官身上所具有的冒险精神。

星巴克商标早期采用棕色作为背景色，后来星巴克与每日咖啡合并，将每日咖啡商标的绿色融合进来，因此，星巴克商标的背景色变为绿色。

商标中心的图案以一条双尾的美人鱼为元素，出自16世纪斯堪的纳维亚的双尾美人鱼木雕图案，但有少量修改。

图5-4　星巴克图标设计

绿色的明度较高，仅低于黄色，但在星巴克的包装设计中，将绿色明度降低，与白色形成大面积对比搭配，比较醒目。

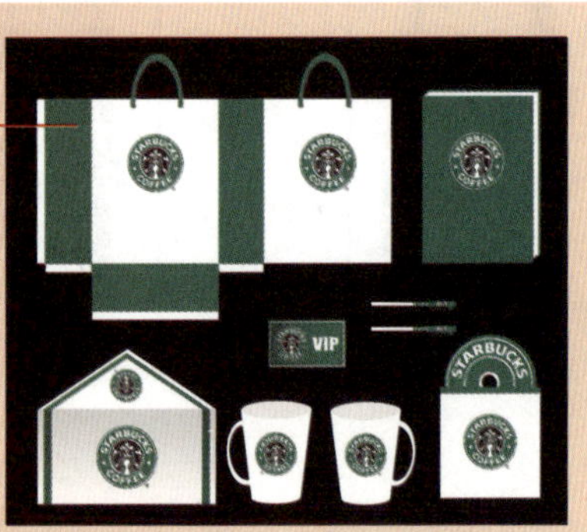

图5-5　星巴克包装设计

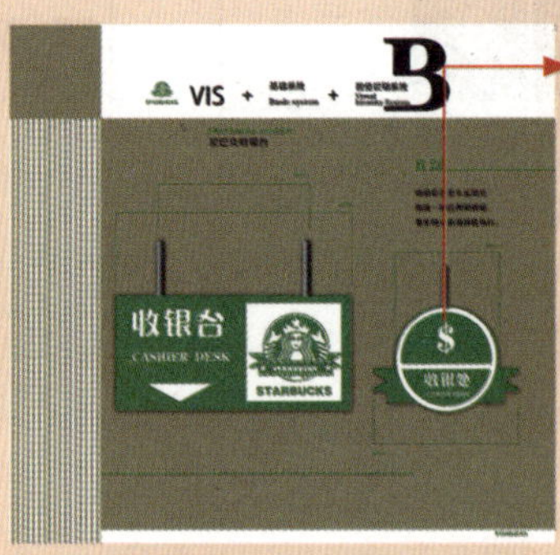

标牌设计中还要考虑材质的固有色品种，并不是所有标准色都能找到相对应的材料，因此，在应用环节有时不得不让步，对标准色进行必要的改变。

图5-6　星巴克的收银台标牌设计

2016年，马来西亚的第一家星巴克手语店开业。在这家店里，13个员工中就有10个是听障人士。2017年，星巴克的美国团队参加了这家店的一周年庆祝活动，他们顺道取经，将手语店的概念带回美国本土（图5-7~图5-10）。

一双手的标志代表了这家店的特点所在。

店员的衣服正中间印有星巴克的主图标。

译文为“请面对我，会让我感觉更好。”让人有一种亲切感。

用手语编写出星巴克的英文。

图5-7　星巴克首家手语店员服装设计

图5-8　星巴克招贴设计

图5-8：虽然星巴克的主要消费群体是年轻人，但进入中国市场时，价格定位较高，必须兼顾略高年龄段的消费者，因此，在招贴设计上表现得比较沉稳，迎合有购买力的消费人群。

采用半透明绿色色块压制产品，形成明确的企业视觉形象。

图5-9　星巴克的三折页设计

将咖啡豆的固有色作为背景色，点名主题。

1992年将星巴克的美人鱼图标做得更加简洁。

图5-10　星巴克菜单设计

二、百事可乐CIS设计

百事可乐是百事公司的前身，创建于1898年。1965年，百事可乐与销售商菲多利公司合并。面对日趋激烈的市场竞争，百事可乐的销量出现下滑，因此，公司将旗下所有饮料品牌进行改头换面。2009年，百事可乐更换LOGO，在调整形象标志时做了非常大胆的尝试，将标志由原来的2D转化为带有阴影的3D标志，还制作了从包装到广告媒体宣传等一系列配套内容（图5-11~图5-15）。

图5-11　百事可乐的图标设计

图5-12　百事可乐的英文全称设计

图5-13　百事可乐视觉推广设计

图5-13：作为碳酸饮料，面对的主要消费群体是青少年，因此，在视觉推广设计中大量采用时尚的设计元素，满足青少年的视觉审美。同时也给品牌注入了更多活力，在同品竞争中抢占先机。

图5-14　百事可乐常规包装设计

图5-15　百事可乐创意包装设计

图5-14：作为常规包装，百事可乐主打蓝色，与竞品可口可乐形成鲜明对比，让产品有更清晰的识别率，在新品策划中加入了银白色与黑色，扩充了产品阵容。

图5-15：创意包装专属于时令性产品，一般在某一个时间段中发售，具有纪念意义，符合对百事可乐藏有情怀的消费者，在特殊场合下，是有收藏价值的。

三、麦当劳CIS设计

麦当劳（MeDonald）作为全球大型跨国连锁餐厅，其企业识别有三大特点：一是企业的理念有明确的观念；二是企业的行动和企业理念具有一贯性；三是企业的外观设计具有统一化特征。麦当劳的经营理念就是“品质（Q）、服务（S）、清洁（C）、价值（V）”，通过良好的企业形象，像磁石一般不断把顾客吸进这座欢乐之门（图5-16~图5-22）。

图5-16　麦当劳的图标设计

图5-17　麦当劳的企业理念

图5-16：“M”作为标志的主要构成部分，颜色采用高纯度的黄色，就像两扇打开的黄金双拱门，开启进入欢乐和美味世界的大门。

图5-17：“我就喜欢”，简单直接，代表了麦当劳所传达的明确理念。

（a）

（b）

图5-18　麦当劳叔叔

（a）

（b）

图5-19　麦当劳店面形象设计

图5-18（a）：麦当劳叔叔是麦当劳的首席快乐官，代表了祥和友善，也代表了麦当劳永远是大家的朋友。麦当劳叔叔在儿童慈善基金会赞助和捐赠世界各地需要帮助的小朋友。真人形象是根据卡通形象改装的，肤色、服装都与卡通设计形象保持一致，因此在CIS 设计中要考虑吉祥物的装扮细节。

图5-18（b）：吉祥物形象需要注入地域文化，位于印度的麦当劳店面门前的麦当劳叔叔动作姿态与当地人文风俗保持高度一致。

图5-19（a）：建筑外部形象具有典型的美国西域风格，绚丽夺目的色彩在开阔的环境中显得十分突出。

图5-19（b）：店面夜间的色彩被弱化，完全凭借灯光来衬托，黄、红、白三色在夜幕衬托下对比很强，轮廓清晰精致。

图5-20　麦当劳产品包装设计

图5-21　麦当劳杯子设计

图5-22　麦当劳招贴设计

图5-20：产品包装以小麦和油脂的固有色为主，表现出食品加工的原生态。

图5-21：在延伸应用产品的设计上，注入迪士尼卡通形象，形成强强联合的战略发展趋势。

图5-22（a）：麦当劳产品定位在国际上属于中低端，因此，要满足不同年龄层次的消费者，在视觉设计上要中心化。对产品的推广采用比较柔和的色彩。将产品形态提炼为图形，并放大展示，去除实物细节，强化产品体量概念。最重要的是主体色调与麦当劳标志色彩相呼应。

第二节 国内CIS设计解析

一、中国移动CIS设计

作为国内网络移动通信运营商巨头之一的中国移动，它的CIS设计是非常值得学习借鉴的。中国移动公司的标志代表着“责任，卓越”的核心价值，更加体现出“移动改变生活”的战略，强化了中国移动对国家和对社会的承诺，并且弱化了与消费者在功能利益和使用体验上的沟通（图5-23~图5-30）。

图5-23 中国移动店面设计

图5-24 中国移动招牌灯箱设计

标志中的蓝色部分，一上一下，就像两只手握在一起，代表了交流、沟通，既比喻中国移动网络畅通无限，成为人与人之间沟通的纽带，又象征着中国移动公司温暖、贴心的关怀。

绿色代表节能环保等理念，未来随着4G的发展，基站大幅增加，绿色节能成为行业发展趋势，喻示着中国移动以绿色环保为企业的发展核心。

中国移动
China Mobile

图5-25 中国移动的标志设计

图5-23：店面设计以蓝色基调为主，为了与其他通信品牌有所区分，在全新的CIS设计中注入了果绿色与玫红色。

图5-24：发光字采用背头灯光，这种形式在共享商务空间中具有良好的指示效果，在环境照明条件下显得十分精致。

图5-26 中国移动的形象墙

图5-27 中国移动的户外帐篷

图5-28 中国移动的夏季促销T恤

图5-29 中国移动室内工作正装

图5-26：在营销空间中设计二维形象墙招贴式图形，是最简单、最高效的表现手法，通过喷绘即可达到良好的覆盖效果。

图5-27：户外帐篷适用于临时促销活动，具有遮风挡雨及防晒功用，同时也是营造品牌地域性与归属感的重要道具。

图5-28：对于普及化的消费品，T恤的推广效果最好，成本低，视觉效果好。

图5-29：引入航空工作服款式，提升了品牌的视觉效果，让消费者感受真实且高档的服务。

图5-30（a）：对功能性产品发布广告，突出中国移动号码产品的权威性，在消费者心中提升中国移动的品牌档次。

图5-30（b）：通过卡通手绘的形式表现出网线接头穿墙的震撼效果，提出宽带到家的产品服务理念。

（a）

（b）

图5-30 中国移动招贴设计

二、2008年奥运会标志设计

2008年奥运会（第29届夏季奥林匹克运动会）于2008年8月8日到2008年8月24日在中国北京举行，为此，2008年奥运会标志融合了国际五环标志与中国国家特色，并应用到该届奥运会的整体CIS设计中（图5-31~图5-39）。

图5-31　2008奥运会的开幕式

图5-32　2020奥运会的旗帜

中间的留白部分，既像一个正在运动着的人的形象，又像汉字“京”。整个图标利用中国传统的印章（肖形印）作为标志主体图案，象征着北京将实现“举办历史上最出色的一届奥运会”的庄严承诺。

选用中国传统红色作为图标的主色。红色历来被认为是中国的代表性颜色，还是我国国旗的颜色，代表着伟大的中华人民共和国，也具有代表国家、喜庆、文化传统的特点。

标志代表了五大洲和全世界的运动员在奥运会上欢聚一堂，充分表现了奥林匹克主义，“所有国家和所有民族”的“奥林匹克大家庭”主题。

图5-33　2008奥运会会徽

图5-31：开幕式十分隆重，在活动中多次展现奥运会的精神理念，以炫目荣耀为主题，同时也见证了中国的繁荣强大。

图5-32：奥运会会徽选用东京英文“Tokyo”，代表团队合作的“Team”，象征美好明天的“Tomorrow”三个词语共同的首字母“T”，在此基础上融合了多样性图案生成。

图5-34　2008奥运会吉祥物

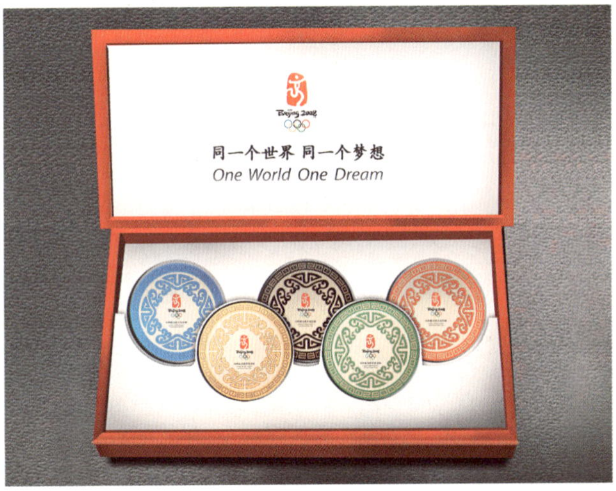

图5-35　2008奥运会茶叶包装

图5-36　2008奥运会志愿者服装

图5-34：奥运吉祥物是五个拟人化的可爱福娃，英文译名为Fuwa。五个福娃分别以鱼、熊猫、奥林匹克圣火、藏羚羊和燕子为原型，代表着海洋、森林、火、大地和天空，其形象设计应用了中国传统艺术的表现方式，展现了中国的灿烂文化。“福娃”的色彩与灵感来源于奥林匹克五环，五个福娃所用的主色与奥林匹克五环颜色一一对应，具有极强的可视性和亲和力，向世界各地的孩子们传递友谊、和平、积极进取的精神。在设计思想上，北京奥运会吉祥物首次把动物和人的形象完美结合，强调了以人为本，人与动物、自然界和谐相处的天人合一的理念；并首次把奥运元素直接引用到吉祥物上，如火娃的创意来源于奥运会圣火；在设计应用上，更加突出了延展使用上的个性化。

图5-35：以奥运会为契机，企业也会对自己的产品进行重新包装设计。以五环元素为基础，推出中国特产茶叶，在包装设计形式上将奖牌礼品元素融入其中，兼顾出口与内销，具有良好的市场效应。

图5-36：奥运会服装产品一贯融入国际大品牌，需要在服装上加入品牌商LOGO，采取战略融合的形式来集中推广。

图5-37　2008奥运会火炬

图5-38　2008奥运会奖牌

将奥运火炬中间的祥云运用到海报中，使海报的主题更突出。

每个不同造型的人物代表着奥运会的运动项目。

将奥运会的口号在海报中标示出来，宣扬奥运精神。

图5-39　2008奥运会海报

图5-37：火炬造型与图案设计是这届奥运会的亮点，祥云图案从此开始流行，一直沿用至今，成为中国各类产品包装、广告的首选图形，象征着国货精品。

图5-38：奖牌设计一直是奥运会中最有争论的环节，考虑到奖牌具有强烈的收藏与观赏价值，因此仅在奖牌上铸有“北京2008”字样，其余图形与国际惯例设计无太大差别。

本章小结

本章介绍一系列知名CIS设计案例，深入分析其中的设计要素与设计方法，让读者领悟CIS设计的精髓。这些案例在我们身边还有很多，需要我们自主搜集并认真分析，建立自己的设计观念，在实际工作中即可快速上手，做出令人满意的作品。

课后练习

1. 国内外的品牌CIS系统有哪些相似点?
2. 结合文中图片的解释，自己上网找寻其他知名品牌进行分析。
3. CIS应用对企业管理有着怎样的理论点?
4. 现在品牌的CIS系统有何创新? 谈谈其中的原因。
5. CIS手册对企业的重要性有哪些?

第六章

CIS设计案例制作与解析

PPT 课件

学习难度：★★★★★
核心概念：形象、制作、细节、理念

章节导读

本章介绍7套CIS设计视觉形象环节的作品，对这些设计作品的制作过程与设计细节进行分析讲解，同步配置讲解视频供读者扫码下载观看。

案例1　旅游养生品牌CIS设计案例

操作视频

太子山国家森林公园位于美丽富饶的湖北省江汉平原的北缘，是一个集探奇寻幽、休闲康体于一体的生态旅游胜地。这里满目青山，苍翠碧绿，有高耸入云的松杉，硕果满枝的果园，波光粼粼的渔湖，流光溢彩的村落。历史文化底蕴丰厚，一直处在新石器时代到现代文明的发展中心。太子山的得名历史渊源悠久，因嘉靖皇帝年少时常在此狩猎而得名，是狂野、神秘的皇族天然猎苑。

景汇乐府是当地以太子山名胜为基础打造的一处森林康养基地，主导养生度假旅游产品与服务。在引入CIS设计后，设计出一套完整的视觉形象作品，用于提升旅游品牌的知名度与享誉度（图6-1~图6-8）。

图6-1（a）：景汇乐府的核心理念是“来乐府，享乐福”，采用府门为景汇乐府品牌LOGO，贴合理念，文字押韵“府”“福”。

图6-1（b）：景汇乐府LOGO反白负形一般用于辅助产品印刷，如宣传册的扉页，产品包装的内衬等，注重品牌的表意。

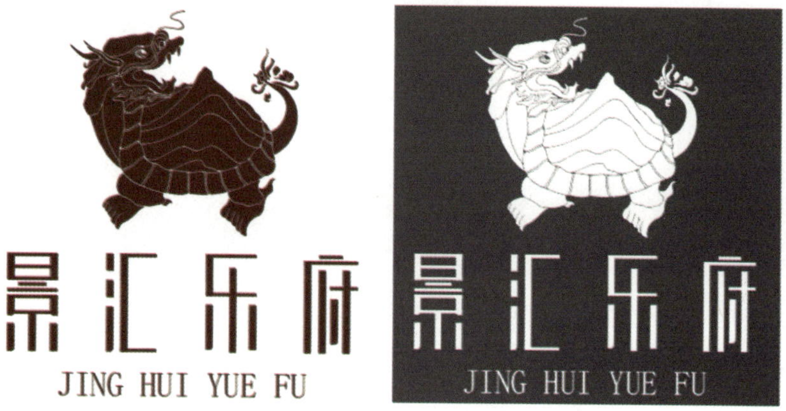

（a）　（b）

图6-1　景汇乐府LOGO设计（罗辉提供，下同）

儒学认为福瑞是表达天意的对人有益的自然现象

府 —— 福 —— 长寿是福 / 幸运是福 / 健康是福 / 祥瑞是福 —— 福瑞 / 吉祥 —— 代表吉祥的图案，如意、祥云纹等也有瑞兽：龙、凤、龟、麒麟、貔貅

龟，龟背的纹理宗密，中国人一直信任“龟暗藏着天地的机密”。因此，它也成为一种神秘而储藏着丰盛的文化内涵的动物。同时，更是由于龟寿命极长，所以成了长寿的象征，人们多用“龟龄”喻人之长寿或与“鹤龄”联合称“龟龄鹤寿”和“龟鹤齐龄”。自古以来，人们信任其能带来祥瑞之气，龟已成为先行先知的灵物，摆放玉龟可以化阴补阳，调节室内阴阳平衡和自然磁场，能补运气、旺财位，用玉龟镇宅可平平安安、吉祥富贵。

图6-2　景汇乐府LOGO设计分析

图6-3　标志网格图

图6-4　标志预留空间

标准色：

#40220F C50 M70 Y80 K70

应用规范一：

应用规范二：

图6-5　标准色与应用规范

图6-2：在景汇乐府品牌LOGO中注入较多的传统元素，能表现出品牌运营的价值感与神秘感，迎合消费者的心理认知，有较好的推广作用。其中，龟是五大瑞兽之一，象征的意义与景汇乐府所要传达的理念不谋而合。除了龟的象征意义，用龟作为品牌元素具有静态效果。此外，龟的形象识别度很高，即使消费者不记得品牌名称，脑海中也会留下龟的印象。

图6-3：标志网格图主要适用于指示牌、招牌等无法用图片放大的大型实物识别构造，将标志整体比例通过数字定位做出明确规定，需在制作过程中严格遵循，当企业的标志作为企业形象功能使用时，为了避免模糊不清的情况出现，所以规定了标志使用的最小比例尺寸。标志高不得小于10mm，宽不得小于10mm。

图6-4：标志预留空间规范是确保标志的完整性与形式美感不被破坏的一种规范。完整标志不可入侵范围0.5*N*，范围内不能出现任何文字、图形或其他元素。*N*的数值可以随使用变换。

图6-5：限定了标准色与应用规范，防止在后期应用中造成混淆凌乱。

图6-6：对“府”“福”“瑞”“龟”四个字进行了标准化设计，笔画结构设计细致，但没有变更字体字形结构，识读性较高，能应用识别系统中的各个环节。

图6-7：健康养生为主的品牌CIS，其视觉传达设计重点主要集中在住宿与导向识别上，选用一些具有代表性的产品加注企业LOGO，注意构图与配色的变化，不能生搬硬套。

图6-6 字体标准化设计

(a)

(b)

(c)

(d)

(e)

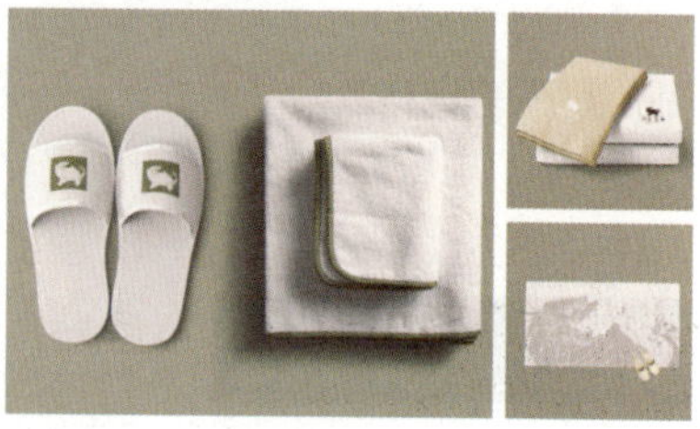

(f)

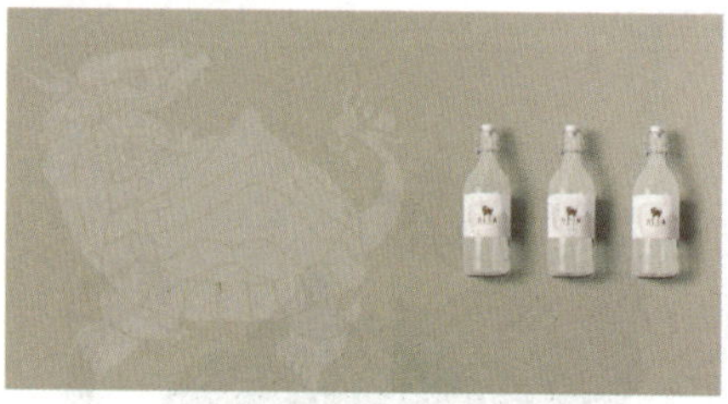

(g)

(h)

(i)

(j)

图6-7 应用推广系列设计

（a）

（b）

（c）

（d）

（e）

图6-8　CIS设计印刷成册

图6-8：全套CIS设计项目完成后，经过校对检查调整，印刷多采用120g以上的铜版纸，装订成册后交付客户。

案例2　餐饮品牌CIS设计案例

操作视频

鱿韧有鱼餐厅是一家海鲜产品现场加工烹饪的特色餐厅，引入CIS设计后，在视觉识别设计中塑造了醒目的章鱼造型，搭配鲜艳的色彩，激发消费者的食欲。视觉形象特别具有亲和力，迎合中国现代消费者对“以物寓意”的审美情结（图6-9~图6-13）。

图6-9　主题LOGO形象（王宇设计）

基础 部分 BASIC SYSTEM

标志设计释义	/ A-01	标识比例	/ A-08
中文字体	/ A-02	公司中英文全程与标识横式组合	/ A-09
英文字体	/ A-03	中文印刷指定字体	/ A-10
公司中英文全称标准字	/ A-04	禁用组合	/ A-11
标识标准色与辅助色	/ A-05	中英文标识比例	/ A-12
标识组合【一、二】	/ A-06	不同底色的使用规范	/ A-13
标识明度表现	/ A-07		

应用 系统 APPLICATION SYSTEH

名片	/ B-01	包装纸	/ B-16
信纸	/ B-02	外包装箱	/ B-17
信封	/ B-03	箱封胶带	/ B-18
文件夹	/ B-04	企业宣传册	/ B-19
档案袋	/ B-05	海报广告规范	/ B-20
笔记本	/ B-06	男制服	/ B-21
纸杯	/ B-07	女制服	/ B-22
餐具	/ B-08	工作服	/ B-23
公共标识图案	/ B-09	雨具	/ B-24
部门标识牌	/ B-10	运输车	/ B-25
室内导向牌	/ B-11	车旗	/ B-26
户外灯牌	/ B-12	桌旗	/ B-27
工作证	/ B-13	垃圾桶	/ B-28
徽章	/ B-14	踏垫	/ B-29
精装手提袋	/ B-15	烟灰缸	/ B-30

图6-10　设计目录

图6-11　基础系统LOGO设计创意说明

图6-9：主题LOGO形象采用海鲜产品中具有代表性的品种——章鱼，将形态卡通化，搭配两个层次的黄色与三个层次的红色，激发人的食欲。

图6-10：设计目录详细明了，主要设计对象根据企业现阶段发展需求来定制，并没有求大求全造成设计浪费。

图6-11：基础系统是整个视觉识别的核心，解读设计要素的核心，对图形与文字寓意进行表述。

鱿韧有鱼 SQUID BLADE HAS FISH A-02

中文字体

方正黑体、宋体
隶书等家族字体

01	“鱿韧有鱼”使用的中文字体	-方正兰亭超细黑简体
02	“鱿韧有鱼”使用的中文字体	-方正舒体
03	“鱿韧有鱼”使用的中文字体	-方正姚体
04	“鱿韧有鱼”使用的中文字体	-黑体
05	“鱿韧有鱼”使用的中文字体	-华文仿宋
06	“鱿韧有鱼”使用的中文字体	-华文行楷
07	“鱿韧有鱼”使用的中文字体	-华文琥珀
08	“鱿韧有鱼”使用的中文字体	-华文楷书

鱿韧有鱼 SQUID BLADE HAS FISH A-03

英文字体

01	ABCDEFGHIJKLMNOPQRSTUVWXYZ	—Arial Regular
02	ABCDEFGHIJKLMNOPQRSTUVWXYZ	—Blair MdITC TT Medium
03	ABCDEFGHIJKLMNOPQRSTUVWXYZ	— Britannic Bold
04	ABCDEFGHIJKLMNOPQRSTUVWXYZ	— Century Gothic
05	ABCDEFGHIJKLMNOPQRSTUVWXYZ	— Times Roman
06	ABCDEFGHIJKLMNOPQRSTUVWXYZ	—Arial Bold
07	ABCDEFGHIJKLMNOPQRSTUVWXYZ	—Bank Gothic Medium BT
08	ABCDEFGHIJKLMNOPQRSTUVWXYZ	—Augie

鱿韧有鱼 SQUID BLADE HAS FISH A-04

公司中英文全称标准字

鱿韧有鱼
SQUID BLADE HAS FISH

公司中英文全称标准字

鱿韧有鱼
SQUID BLADE HAS FISH

■ 公司中文全称与标识的横竖式应用。企业标识与中英文标准字的应用是企业VI最为重要的视觉要点之一，为统一企业信息对外传达的一致性，这一项对于标识与字体的位置、距离及大小均加以详细规定。

图6-12 基础系统设计

鱿韧有鱼 SQUID BLADE HAS FISH A-05

标识标准色与辅助色

标准色

C:0M:90Y:85K:0

C:0M:50Y:100K:0

辅助色

C:15M:100Y:90K:10

C:0 M:28 Y:84 K:0

C:0 M:0 Y:0 K:100

C:0 M:0 Y:0 K:0

鱿韧有鱼 SQUID BLADE HAS FISH A-06

标识组合［一、二］

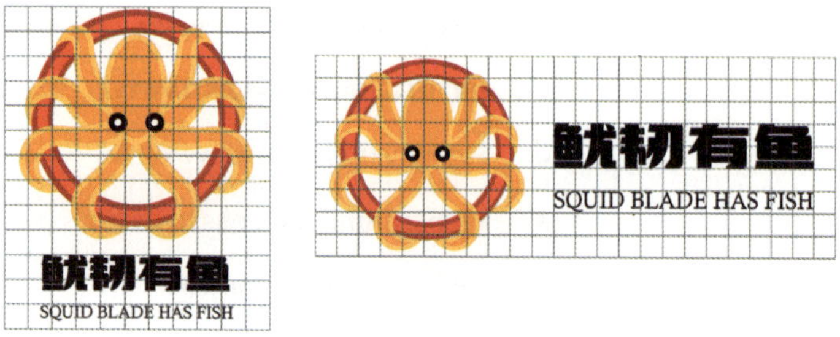

鱿韧有鱼 SQUID BLADE HAS FISH A-07

标识明度表现

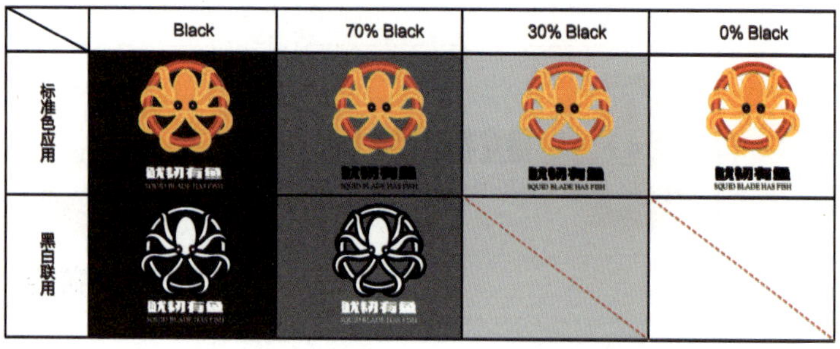

图6-12　基础系统设计（续）

鱿韧有鱼 SQUID BLADE HAS FISH　A-08

标识比例

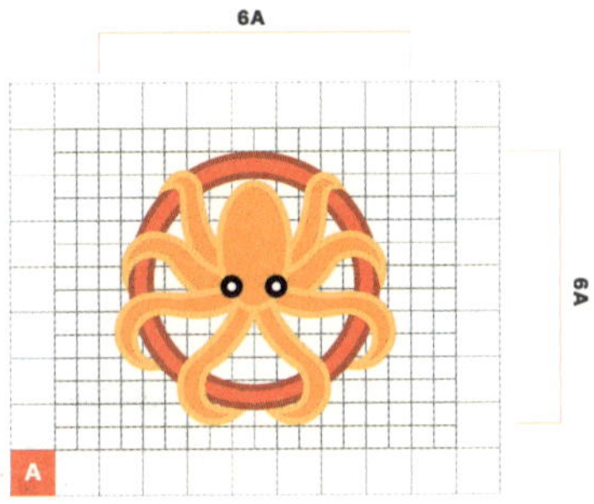

A 本页面的比例单位　　不可侵犯区域

标志最小使用尺寸

鱿韧有鱼 SQUID BLADE HAS FISH　A-09

公司中英文全称与标识横式组合

公司中英文全称与标识竖式组合

■ 公司中文全称与标识的横竖式应用。企业标识与中英文标准字的应用是企业VI最为重要的视觉要点之一，为统一企业信息对外传达的一致性，这一项对于标识与字体的位置、距离及大小均加以详细规定。

鱿韧有鱼 SQUID BLADE HAS FISH　A-10

中文印刷指定字体

01	鱿韧有鱼	粗黑体
02	**鱿韧有鱼**	**大黑体**
03	鱿韧有鱼	黑体
04	鱿韧有鱼	细黑体
05	鱿韧有鱼	细黑一简体
06	鱿韧有鱼	宋三简体
07	鱿韧有鱼	中宋体
08	鱿韧有鱼	宋一简体

图6-12　基础系统设计（续）

图6-12：基础系统设计尽量齐全，为后期应用系统设计打好基础，尤其对标准图形的使用规范、标准色的设定要有明确指定，防止在后期应用系统中引起混乱。

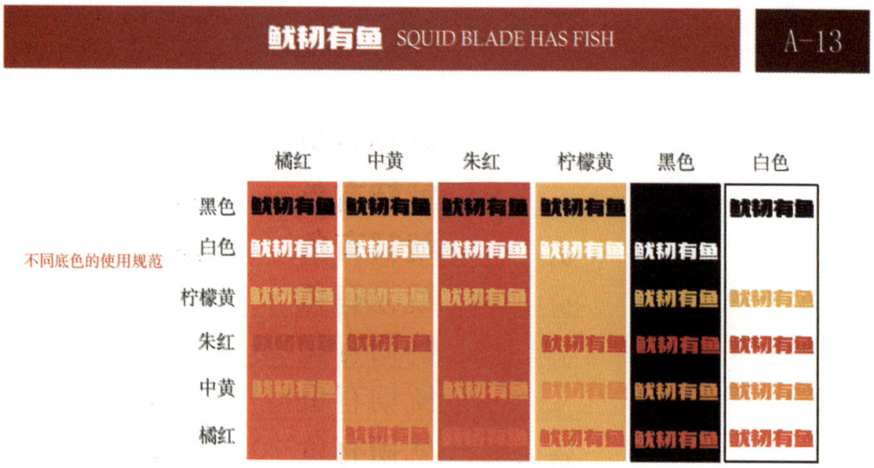

图6-12　基础系统设计（续）

鱿韧有鱼 SQUID BLADE HAS FISH　B-01

- 名片
- 标示姓名及其所属组织、公司单位和联系方法的纸片。交换名片是商业交往的第一个标准官式动作。

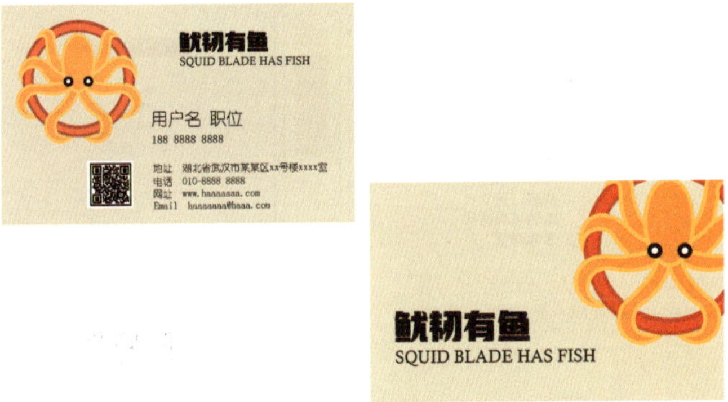

鱿韧有鱼 SQUID BLADE HAS FISH　B-02

- 信纸
- 企业内部事务用品体现企业文化，增进大家对CI活动的理解，建立员工的依赖感和参与意识。

鱿韧有鱼 SQUID BLADE HAS FISH　B-03

- 信封
- 企业内部事务用品体现企业文化，增进大家对CI活动的理解，建立员工的依赖感和参与意识。

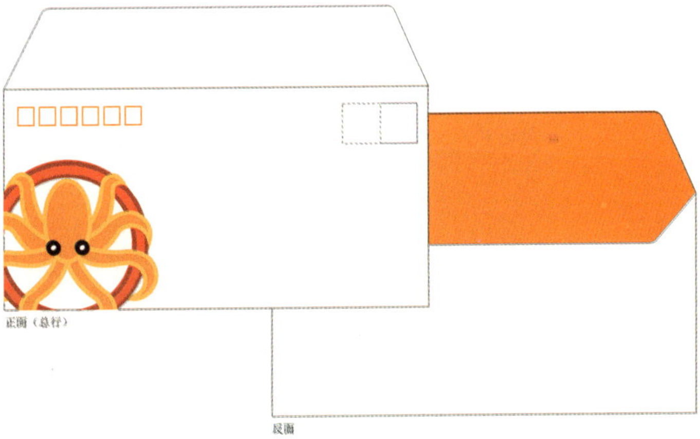

图6-13　应用系统设计

鱿韧有鱼 SQUID BLADE HAS FISH　B-04

■ 文件夹

■ 企业内部事务用品体现企业文化，增进大家对CI活动的理解，建立员工的依赖感和参与意识。

鱿韧有鱼 SQUID BLADE HAS FISH　B-05

■ 档案袋

■ 企业内部事务用品体现企业文化，增进大家对CI活动的理解，建立员工的依赖感和参与意识。

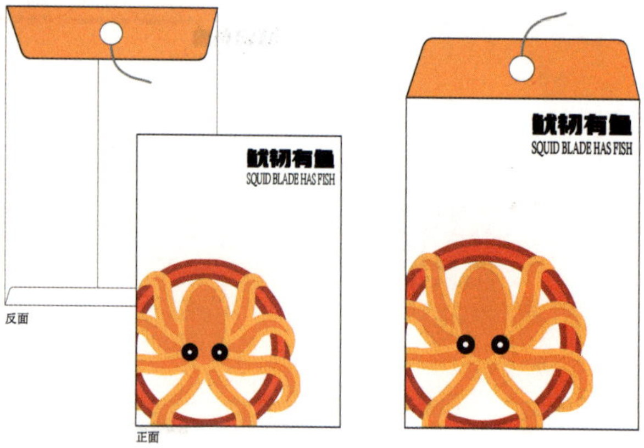

鱿韧有鱼 SQUID BLADE HAS FISH　B-06

■ 笔记本

图6-13　应用系统设计（续）

鱿韧有鱼 SQUID BLADE HAS FISH　　B-07

- 纸杯
- 企业内部事务用品体现企业文化，增进大家对CI活动的理解，建立员工的依赖感和参与意识。

鱿韧有鱼 SQUID BLADE HAS FISH　　B-08

- 餐具

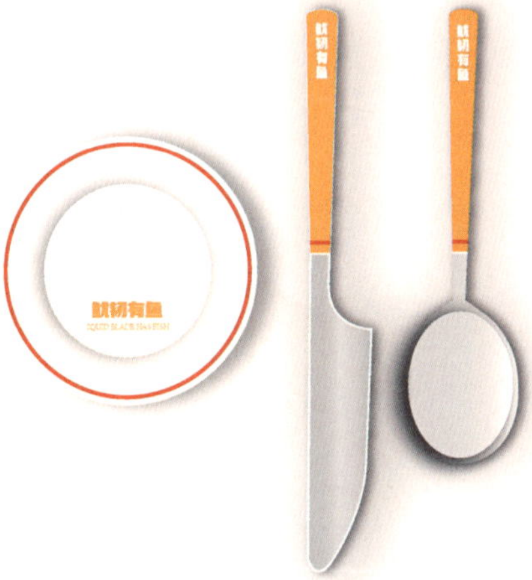

鱿韧有鱼 SQUID BLADE HAS FISH　　B-09

- 公共标识图案
- 企业内部事务用品体现企业文化，增进大家对CI活动的理解，建立员工的依赖感和参与意识。

图6-13　应用系统设计（续）

鱿韧有鱼 SQUID BLADE HAS FISH B-10

■ 部门标识牌

鱿韧有鱼 SQUID BLADE HAS FISH B-11

■ 室内导向牌

鱿韧有鱼 SQUID BLADE HAS FISH B-12

■ 户外灯箱

图6-13 应用系统设计（续）

鱿韧有鱼 SQUID BLADE HAS FISH B-13

■ 工作证

鱿韧有鱼 SQUID BLADE HAS FISH B-14

■ 徽章

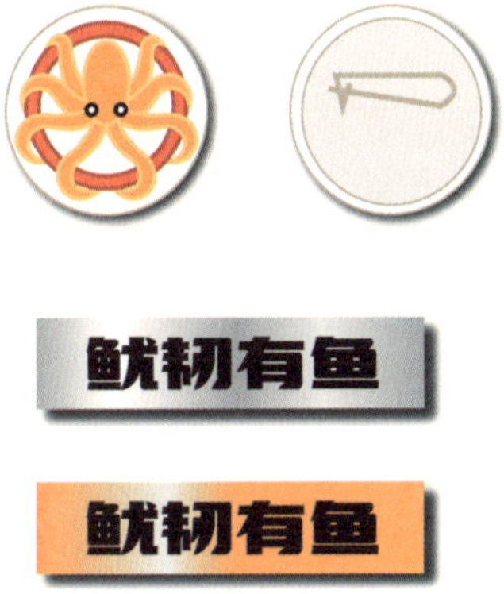

鱿韧有鱼 SQUID BLADE HAS FISH B-15

■ 精装手提袋

■ 企业内部事务用品体现企业文化，增进大家对CI活动的理解，建立员工的依赖感和参与意识。

图6-13　应用系统设计（续）

鱿韧有鱼 SQUID BLADE HAS FISH　B-16

■ 包装纸

鱿韧有鱼 SQUID BLADE HAS FISH　B-17

■ 外包装箱

鱿韧有鱼 SQUID BLADE HAS FISH　B-18

■ 箱封胶带

图6-13　应用系统设计（续）

鱿韧有鱼 SQUID BLADE HAS FISH B-19

■ 企业宣传册

鱿韧有鱼 SQUID BLADE HAS FISH B-20

■ 海报广告规范

鱿韧有鱼 SQUID BLADE HAS FISH B-21

■ 男制服

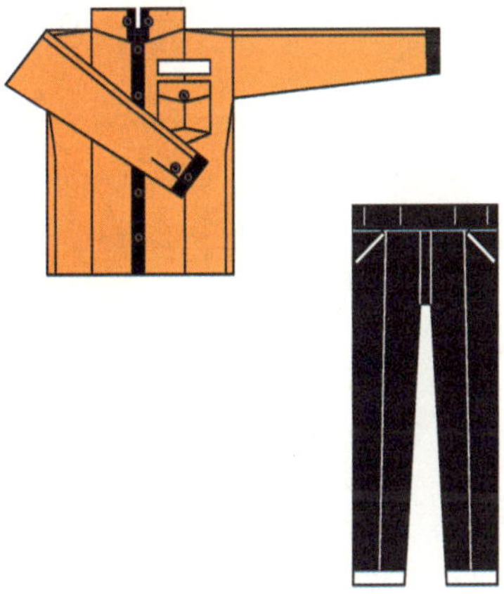

图6-13 应用系统设计（续）

鱿韧有鱼 SQUID BLADE HAS FISH B-22

■ 女制服

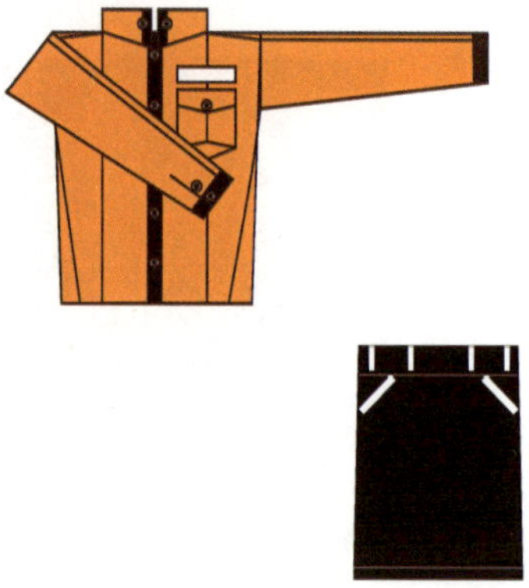

鱿韧有鱼 SQUID BLADE HAS FISH B-23

■ 工作服

■ 企业内部事务用品体现企业文化，增进大家对CI活动的理解，建立员工的依赖感和参与意识。

鱿韧有鱼 SQUID BLADE HAS FISH B-24

■ 雨具

图6-13 应用系统设计（续）

鱿韧有鱼 SQUID BLADE HAS FISH　B-25

- 运输车
- 交通工具是企业和品牌形象传达的途径之一，能达到品牌形象积累的效果，其品质会直接影响品牌形象的树立。

鱿韧有鱼 SQUID BLADE HAS FISH　B-26

- 车旗

鱿韧有鱼 SQUID BLADE HAS FISH　B-27

- 桌旗

图6-13　应用系统设计（续）

图6-13：应用系统的门类十分丰富，应根据企业经营方向与日常使用内容进行设计，每一个器物都是一件艺术作品，不再是简单地置入LOGO，而要考虑构图与细节变化，注重与众不同，显示出企业与品牌的个性。

鱿韧有鱼 SQUID BLADE HAS FISH B-28

■ 垃圾桶

鱿韧有鱼 SQUID BLADE HAS FISH B-29

■ 踏垫

鱿韧有鱼 SQUID BLADE HAS FISH B-30

■ 烟灰缸

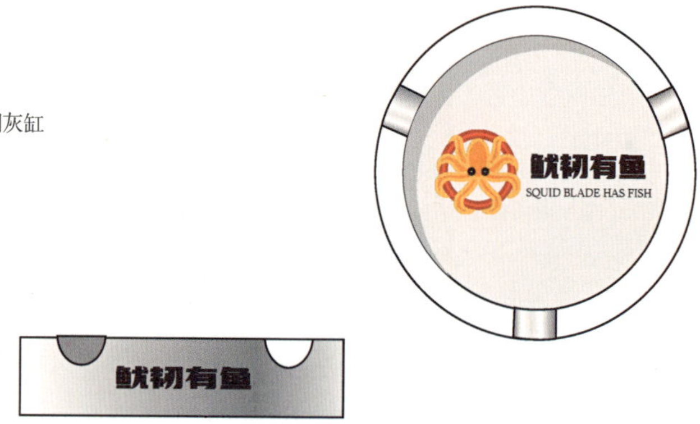

图6-13 应用系统设计（续）

案例3　国外CIS设计模板案例

操作视频

国外CIS设计在形式上追求视觉冲击力，力求完整的全套方案。为了避免在CIS设计中有所遗漏，不少设计企业会预先设计一批模板，其中设计的图形、文字会比较基础，这些模板并不会直接用于某一个设计方案中，仅供设计初期与客户沟通交流。当与客户达成一致后，再在模板元素与版面内容的基础上重新设计LOGO，这样就能让设计师将所有精力都集中在核心部分，不为版面形式与设计元素缺失感到苦恼。

一、Architecture Branding

这是一套国外CIS设计中视觉识别系统设计模板，主要用于视觉识别系统设计参考，这套设计模板的设计理念核心围绕着：Architecture is a visual art, and the buildings speak for themselves.（建筑本身是一门视觉艺术，建筑为自己代言）。在此基础上可以变换出多种案例（图6-14~图6-17）。

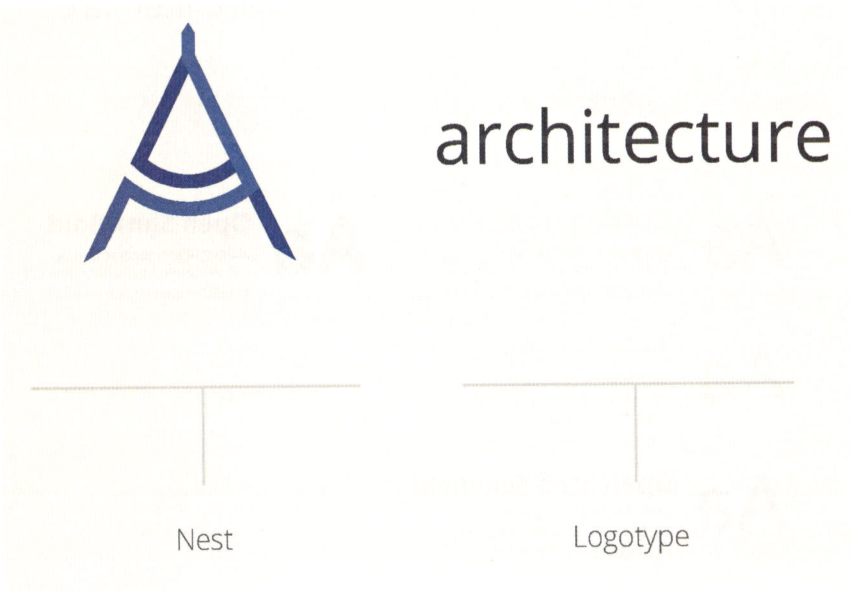

图6-14　LOGO设计

图6-14：LOGO设计紧扣设计主题，将建筑设计制图中常用的圆规形态作为基础图形，表现出该企业对建筑设计制图的重视，认为设计是企业发展的核心。

图6-15：选用两种蓝色作为企业LOGO的标准色，在此基础上拓展出多种辅助色，除了指出各项色彩参数外，还列出多种色块进行对比，并对色彩注明国际标准色卡编号，方便后期应用。

（a）　　（b）

图6-15　标准色设计

图6-16：对LOGO图形与文字的间距、边距都进行了指定，列出可选的标准文字与网格图，除了常规井形网格外，还加入了X形辅助线，对图形的对称性做了严格规定。

（a）

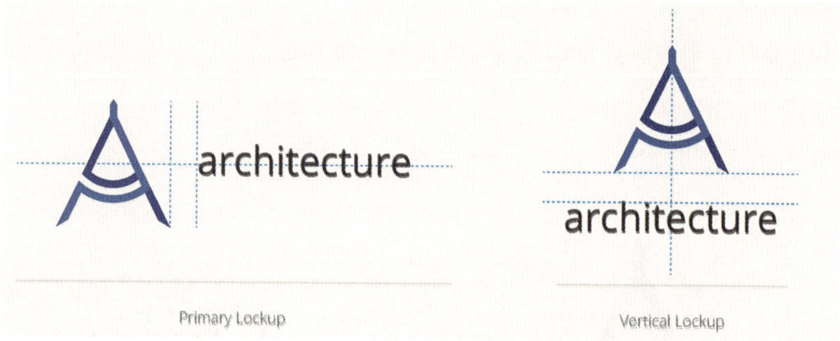

（b）

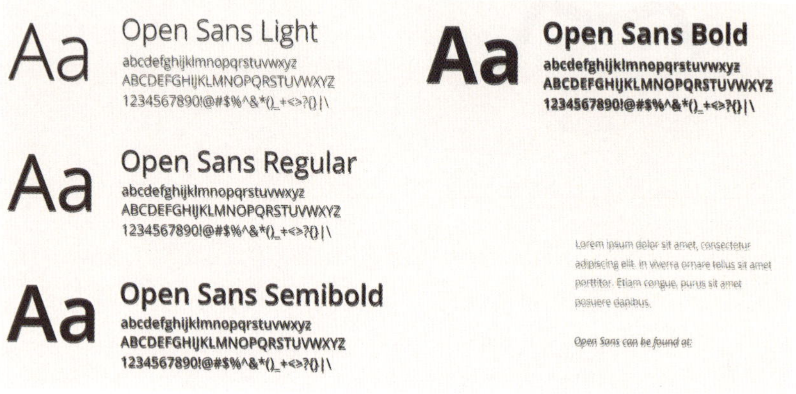

（c）

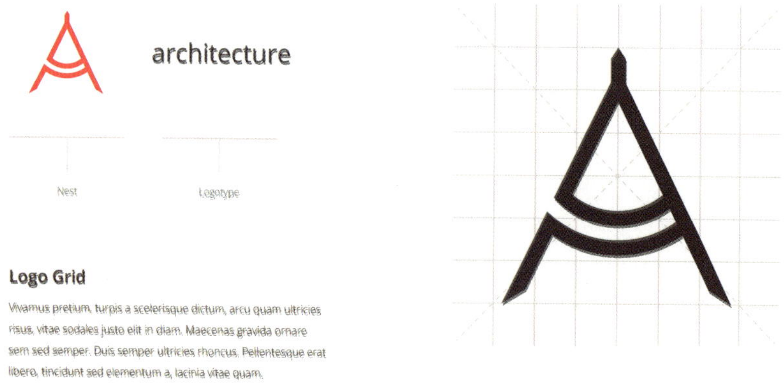

（d）

图6-16　LOGO与文字标准设计

（a）

（b）

（c）

图6-17　拓展应用

操作视频

二、Flaym

这是一套国外CIS设计中视觉识别系统设计模板，主要设计元素围绕着Flaym（火焰）图形进行变化，对标准字、标准色与应用系统都进行了规范，适用于与Flaym（火焰）相关的各种行业，在此基础上可以变换出多种案例（图6-18~图6-26）。

图6-18　LOGO设计

图6-17：国外的应用设计系统更注重适用性，设计出LOGO图形在宣传页与平面案例中的拓展形体，对标准色进行拓展，用于企业办公建筑外观，同时还设计一批图标，用于手机App系统。

图6-18：以火焰为设计元素，采用重复手法对LOGO进行变形，选用色彩以紫色、蓝色、红色为主，表现出火焰热力最高的含义。

图6-19：LOGO与文字组合设计时要多尝试摆放位置，经过设计的文字在大多数情况下是可以独立存在的，如果要与图形进行组合，仍然应以图形为主，采取图上文下的形式。

图6-20：尝试着对图形中的颜色进行替换，在标准色的规范下设计出多种效果，并设计出剪影、线型、无边三种效果进行对比。通过不断缩小来判定图形的视觉体验。

图6-19 LOGO与文字组合设计

（a）

（b）

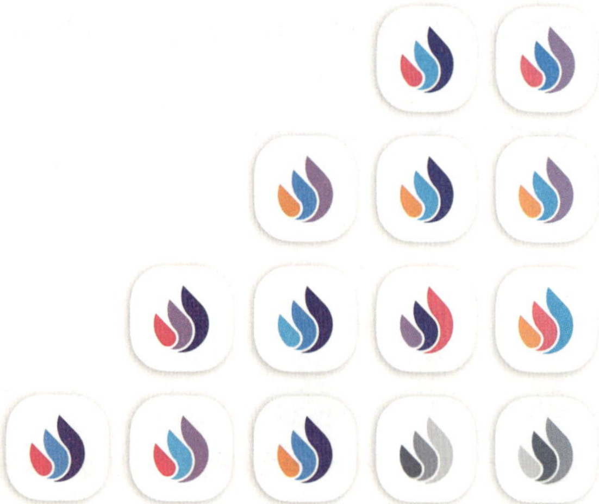

（c）

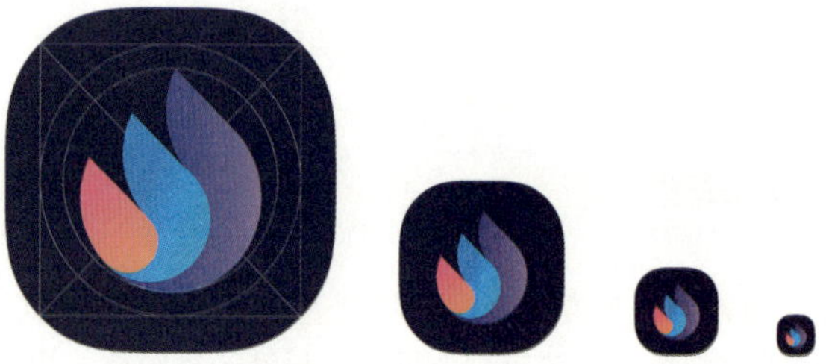

（d）

图6-20 LOGO变化设计与规范应用

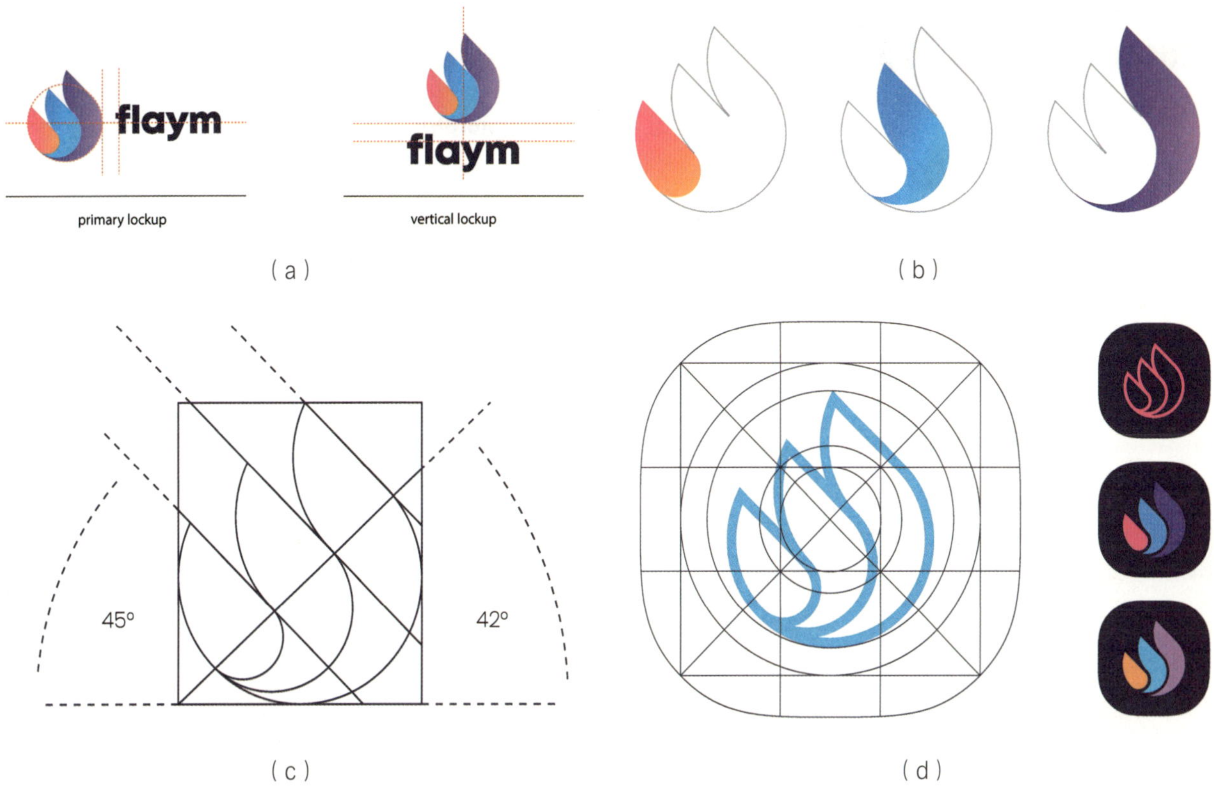

图6-21　LOGO形态规范

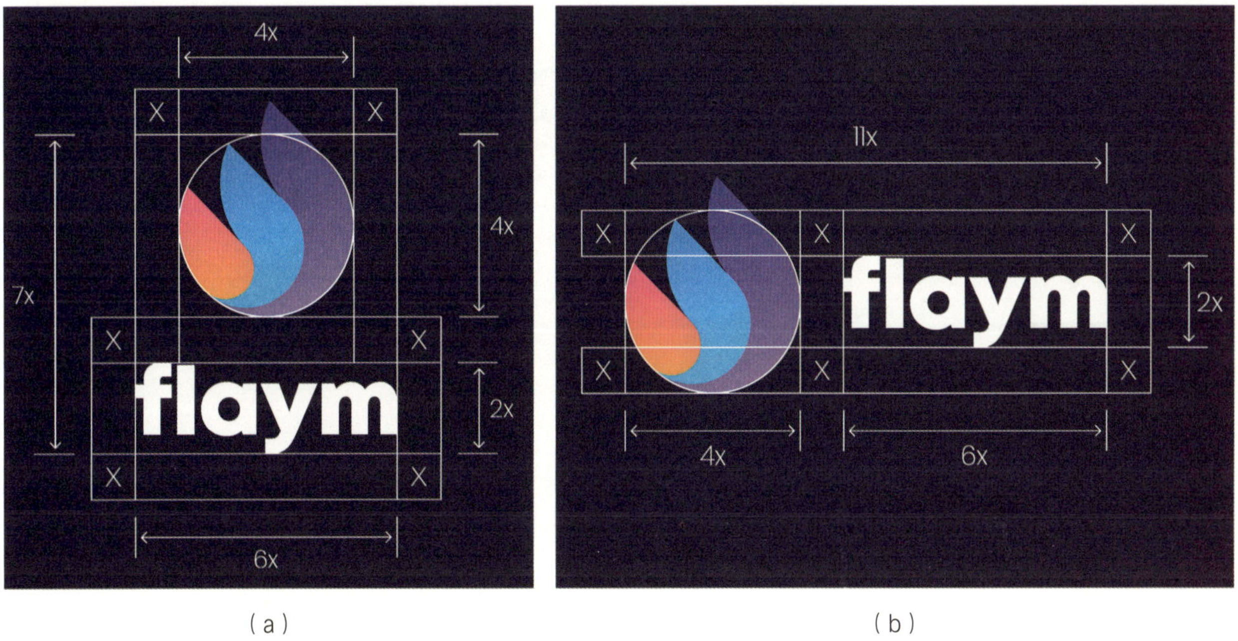

图6-22　LOGO与文字尺寸比例标准

图6-21：对图形与文字的间距设计规范，指定图形中不同体块的色彩，并对形体构造进一步论证，标识角度数据，绘制网格图来限定缩放比例。

图6-22：对图形、文字的尺寸比例标准提出要求，确定X为基础单位，可以进行任意缩放。

（a）　（b）

图6-23　标准文字选用

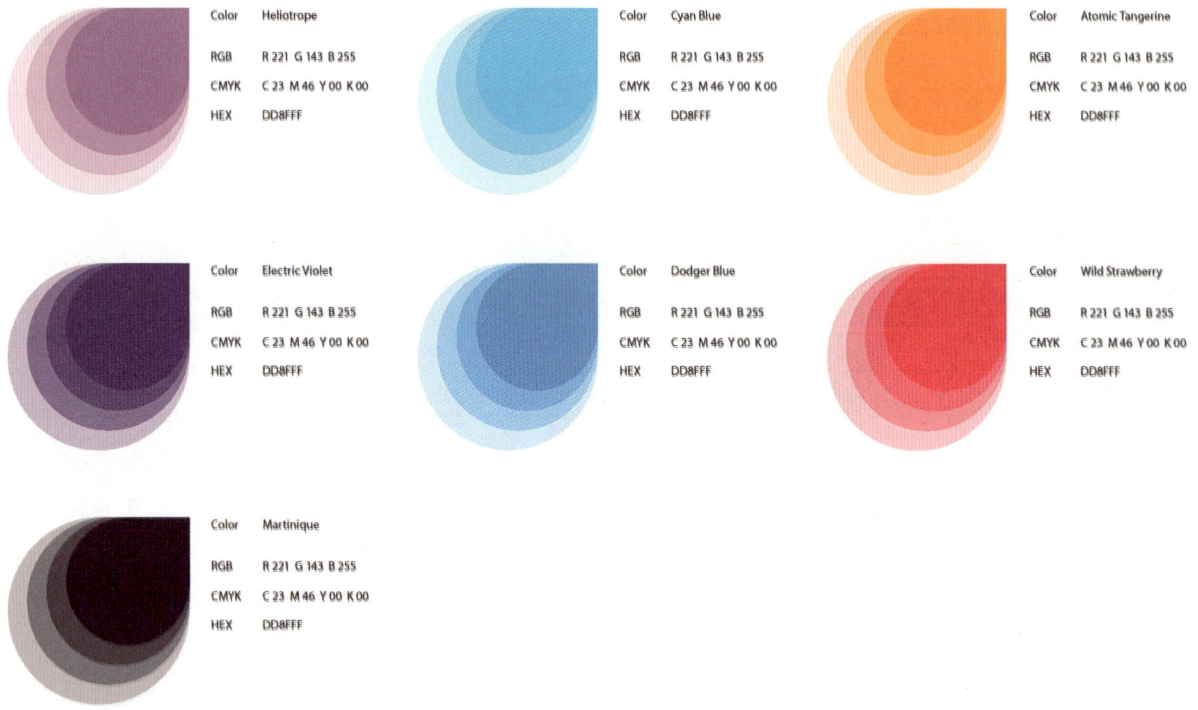

图6-24　标准色彩

图6-23：选用合适的标准文字，确定字号大小与搭配方式。

图6-24：在标准色的基础上继续拓展辅助色，可以在标准色的基础上提高明度得到辅助色，搭配深色来强化对比。

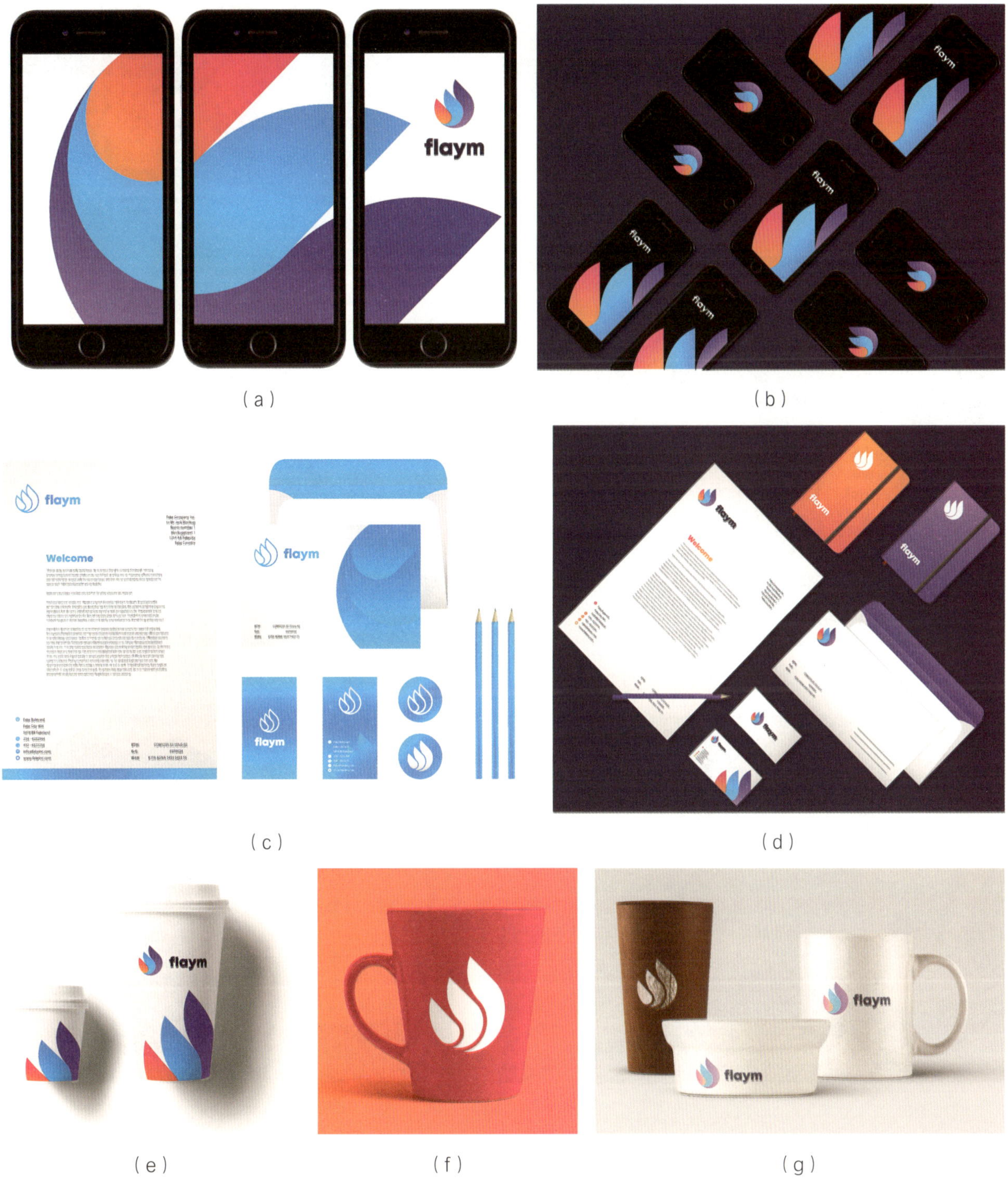

图6-25　应用系统设计

(h)

(i)

(j)

图6-25 应用系统设计（续）

图6-25：应用系统的设计内容应根据实际需要来确定，现代企业一般都会包括手机界面、办公用品、外部形象、服装等基本内容，注重真实感，应采取图像合成的方式精心制作。

（a）

（b）

图6-26：视觉图像效果的应用十分广泛，可用于各种媒介的填充、延时画面与户外广告，尽量选用各种图形图像软件中的特效滤镜来制作。

（c）

图6-26　视觉图像效果

案例4　食品品牌CIS设计案例

扫码下载案例（代曦制作）。

案例5　娱乐品牌CIS设计案例

扫码下载案例（代曦制作）。

本章小结

本章精选CIS设计中视觉识别系统设计案例，详细介绍了从创意设计到制作的操作细节，运用多种软件均可进行设计绘制。在设计时注意内容的完整性，在平时的学习、工作中应多注重积累，尽量多搜集CIS设计案例，对案例中的图形仿绘，可以快速提高设计制作水平。

课后练习

1. 选择一项知名品牌，设计全套CIS设计文案，并制作PPT，集中讲解。
2. 对市场上现有的品牌CIS视觉形象部分进行重新改良设计。
3. 选择一项产品或服务，独立完成一套完整的CIS设计作品。

参考文献 REFERENCES

［1］柯平. CIS形象设计与文化建设［M］. 北京：国家图书馆出版社，2017.

［2］高彬. CIS企业形象设计［M］. 北京：人民邮电出版社，2015.

［3］田恒权. CIS设计［M］. 合肥：合肥工业大学出版，2010.

［4］陈绘. VI设计［M］. 北京：北京大学出版社，2017.

［5］刘平，王南. VI设计项目式教程［M］. 北京：人民邮电出版社，2015.

［6］肖勇. 标志与VI设计［M］. 北京：中国轻工业出版社，2016.

［7］吴华堂，张振中. 品牌形象与CIS设计［M］. 青岛：中国海洋大学出版社，2014.

［8］陈洁. VI设计实训教程［M］. 北京：北京大学出版社，2015.

［9］韦云. 企业VI设计［M］. 北京：北京大学出版社，2014.

［10］王旭玮. 标志与VI设计［M］. 武汉：华中科技大学出版社，2011.

［11］郭玉良. CIS品牌策划与设计［M］. 北京：中国电力出版社，2015.